DREIKLANG

MUSIK

7/8

Arbeitshefter für den Unterricht an allgemeinbildenden Schulen

W0176898

Dein/e Herausgeber/in:
Prof. Dr. Ines Mainz
Prof. Dr. Georg Maas

Deine Autor-/innen:
Prof. Dr. Georg Maas
Prof. Dr. Ines Mainz

Jens Arndt
Stefan Auerswald
Dorothee Barth
Margrit Bethin
Axel Brunner
Yvonne Funck
Constanze Klinkicht
Benjamin Laudien
Kaspar Mainz
Claudia Pfaffelhuber
Andreas Richter
Diana Röser
Linda Rudolf
Susan Störel
Julia Veigel

DREI**KLANG** 7/8
MUSIK

Arbeitshefter für den Unterricht an allgemeinbildenden Schulen

UMA zeigt an, dass es zu dieser Aufgabe ein Hörbeispiel im Cornelsen Unterrichtsmanager Plus gibt.

Lektorat: Angelika Riegel, Cordula Hubert
Umschlagkonzept: Studio Syberg, Berlin
Umschlaggestaltung: Studio Syberg, Berlin
Layout und technische Umsetzung: matmil media & design gbr, Kynšperk n. O.

www.cornelsen.de

1. Auflage, 1. Druck 2024

Alle Drucke dieser Auflage sind inhaltlich unverändert und können im Unterricht nebeneinander verwendet werden.

Druck: H. Heenemann, Berlin

ISBN 978-3-06-119965-4

INHALTSVERZEICHNIS

ANHANG: LÖSUNGEN

Schallquellen und ihre Lautstärkewerte

1 Ordnet die Schallquellen und Situationen nach ihrer Lautstärke in die Tabelle ein, sodass Leises unten, Lautes oben steht. Beachtet die eingetragenen Grenzwerte des Gehörs.

Schallquelle, Situation	Lautstärke (Schallleistungspegel, dB)
Schmerzschwelle	**134 dB**
Gehörschäden bei kurzfristiger Einwirkung	**ab 120 dB**
Gehörschäden bei langfristiger Einwirkung	**ab 85 dB**
Lern- und Konzentrationsstörungen	**ab 40 dB**
Hörschwelle (bei 2 kHz)	**0 dB**

dB = Dezibel
kHz = Kilohertz,
1000 Schwingun-
gen pro Sekunde

Presslufthammer, 1 m entfernt (ca. 100 dB)

Discothek, Open-Air-Konzert (Publikumsbereich) (ca. 100 dB)

sehr ruhiges Zimmer (20−30 dB)

fahrender PKW, 10 m entfernt (60−80 dB)

Blätterrauschen, ruhiges Atmen (10 dB)

normale Unterhaltung, 1 m entfernt (40−50 dB)

Schlagzeuger beim Spiel (bis 130 dB)

Arbeitsplatz eines Orchester-dirigenten (bis 110 dB)

Düsenflugzeug, 100 m entfernt (110−140 dB)

Zimmerlautstärke, Fernseher, 1 m entfernt (ca. 60 dB)

stark befahrene Straße, 10 m entfernt (80−90 dB)

englische Fußballfans (Premier League) (bis 129 dB)

Spülmaschine (40−50 dB)

Erarbeitet von: Georg Maas

KV 1

YMCA – Choreografie und Formteile

Einstieg
Im Rhythmus der Musik frei im Raum gehen; die Viertelnoten mitklatschen; das Musikstück in die Formteile Vorspiel, Verse, Refrain und Bridge gliedern.

Vorschlag für den Formverlauf
Intro Rhythmus:	Takt 1–8 / ZZ 1–4
Intro Melodie:	Takt 9–14 / ZZ 5–7
Verse 1:	Takt 15–32 / ZZ 8–16
Refrain 1:	Takt 33–48 / ZZ 17–24
Verse 2:	Takt 49–66 / ZZ 25–33
Refrain 2:	Takt 67–82 / ZZ 34–41
Verse 3:	Takt 83–100 / ZZ 42–50
Refrain 3:	Takt 101–116 / ZZ 51–58
Bridge:	Takt 117–124 / ZZ 59–62
Refrain 4:	Takt 125–140 / ZZ 63–70
Refrain 5 und Coda:	Takt 141–148 / ZZ 71–74
Aufstellung:	in Reihen auf Lücke, alle mit dem Gesicht nach vorn

Erarbeiten der Schritte
Die einzelnen Schritte werden erarbeitet und dann zu Schrittfolgen zusammengesetzt. Es ist hilfreich, die Schrittfolgen rhythmisiert mitzusprechen:

Vers 1 ZZ 8–9: 2x Seitanstellschritt ZZ 10: Step Turn ZZ 11: Kreuzschritt ZZ 12–15: alles wiederholen ZZ 16: 8x am Platz in die Luft springen	**Refrain** – Bewegung der Arme **Y** – Die Arme schräg nach oben ausstrecken (Y-Pose). **M** – Ausgehend von der Y-Pose die Ellbogen abwinkeln, sodass sich die Fingerspitzen über der Brust treffen. **C** – Die Arme nach links zur Seite ausstrecken, wobei der rechte Arm auf Kopfhöhe bleibt. **A** – Die Hände über dem Kopf zusammenführen, sodass sich die Fingerspitzen berühren.	
Vers 2 ZZ 25: Seitanstellschritt ZZ 26: Kick Ball Change ZZ 27: Diamond Step ZZ 28: Kreuzschritt ZZ 29–32: alles wiederholen ZZ 33: 8x am Platz in die Luft springen **Refrain** – Bewegung der Arme	**Vers 3** ZZ 42–45: Schritte von Verse 1 wiederholen (ZZ 8–11) ZZ 46–49: Schritte von Verse 2 wiederholen (ZZ 25–28) ZZ 50: 8x am Platz in die Luft springen	

Musikalische Gestaltungsmittel

1 In der Tabelle sind die musikalischen Gestaltungsmittel aufgelistet. Finde für die Begriffe eine passende Erklärung und trage sie in die rechte Spalte ein.
Tipp: Du kannst dafür die Textbausteine in der Infobox nutzen.

2 Für manche Gestaltungsmittel gibt es Symbole oder Abkürzungen. Sie sind über der Tabelle aufgelistet. Notiere die passenden Symbole und Abkürzungen in der Spalte ganz links.

leise beginnen und dann lauter werden / sehr langsam / jede Silbe ganz kurz sprechen oder kurz singen / langsam beginnen und dann schneller werden / alle Silben miteinander verbinden / schnell beginnen und dann langsamer werden / laut sprechen / sehr schnell / langsam / laut beginnen und dann leiser werden / schnell / sehr langsam

f p . ⌒ < >

	Artikulation	
	legato	
	staccato	
	Dynamik	
	forte	
	decrescendo	
	crescendo	
	piano	
	Tempo	
	adagio	
	largo	
	ritardando	
	accelerando	
	allegro	
	presto	

Erarbeitet von: Georg Maas

Taktarten und Taktwechsel

1 Erarbeitet gemeinsam die Mitspielsätze und spielt sie zu den Originalkompositionen.

2 Informiert euch über die Werke und deren Komponisten.

Mitspielsätze

America aus *West Side Story*   Leonard Bernstein

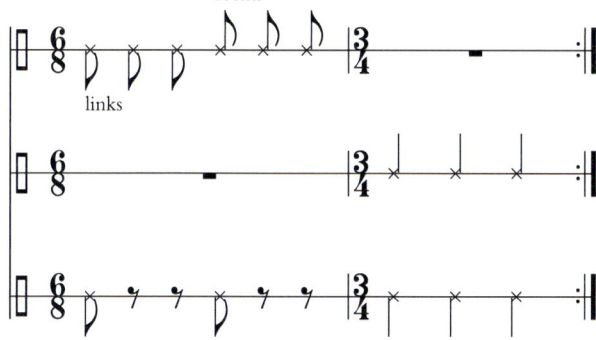

Uf dem Anger aus *Carmina Burana*   Carl Orff · Satz: Stefan Auerswald

3 Setzt diese Rhythmuskomposition unter Verwendung der im Schülerbuch auf Seite 191 abgedruckten Notenbeispiele fort. Wählt unterschiedliche Musikinstrumente oder nutzt Vocal Percussion und Körperinstrumente. Übt und präsentiert eure Komposition.

Rhythmuskomposition

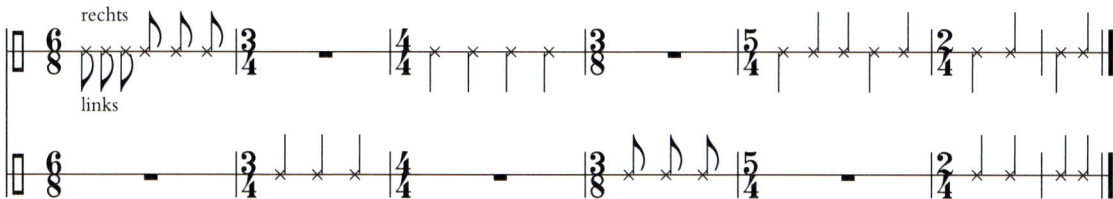

Cornelsen

Erarbeitet von: Georg Maas
Melodie America: Leonard Bernstein Music/Chappell-Co Inc. / Universal Music Publ. GmbH, Berlin /
Chappell & Co. GmbH & Co. KG, Hamburg / Melodie: Leonard Bernstein; Melodie Uf dem Anger: Carl
Orff / Schott Music GmbH & Co. KG, Mainz; Notensatz: Cornelsen/Holger Jeschke

KV 4

Auf und ab – Ideen zur Begleitung

Bewegungsbegleitung

Auf und ab besteht aus drei Teilen:

Teil A: C-Dur und G-Dur wechseln sich ab.

Teil B: Hier wechseln F-Dur und C-Dur.

Teil A':   C-Dur und G-Dur wechseln sich ab.

1 Findet zwei unterschiedliche Bewegungen für den Wechsel von Tonika und Dominante in den A-Teilen. Ihr könnt auch einen Richtungswechsel einbeziehen oder die Bewegungen auf zwei Gruppen aufteilen.

Teil A

Bewegungsablauf C-Dur (Tonika):

_____

_____

_____

Bewegungsablauf G-Dur (Dominante):

_____

_____

_____

2 Entwickelt zwei gegensätzliche Bewegungen zu den A-Teilen und gestaltet damit den Wechsel zwischen den Basstönen.

Teil B

Bewegungswechsel F-Dur (Subdominate) – C-Dur (Tonika):

_____

_____

_____

3 Denkt euch eine rhythmische Begleitung für den A-Teil aus und notiert diese mit den Tönen c' und g' in die entsprechenden Takte.

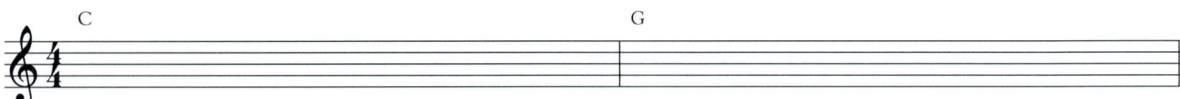

4 Erfindet eine rhythmische Begleitung für den B-Teil, die einen deutlichen Kontrast zum A-Teil herstellt. Schreibt eure Idee mit den entsprechenden Noten in die leeren Takte.

Erarbeitet von: Ines Mainz
Notensatz: Cornelsen/Holger Jeschke

Wolfgang A. Mozart: *Kontertanz*

1 Erschließt euch erst den Bewegungsablauf des B-Teils. Setzt dann Teil A und Teil B zusammen.

Tanzbeschreibung

Ausgangsposition
Die vier Paare stehen im Quadrat, geben sich während der Vortakte seitlich die Hände und bilden einen Kreis.

Teil A
Mit Seitgaloppschritten tanzen die Paare im Uhrzeigersinn.
In der Wiederholung des Teiles A erfolgt dasselbe gegen den Uhrzeigersinn zurück zur Ausgangsposition.

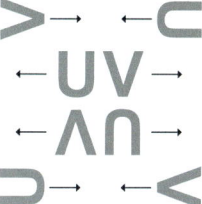

Teil B
Die Stirnpaare gehen aufeinander zu, die Tänzer der Seitenpaare gehen zur selben Zeit seitlich auseinander. Dabei sind vier Schritte zu machen (drei Schritte + Anstellschritt).

Die in der Mitte befindlichen Tänzer der Stirnpaare gehen seitlich auseinander und die Tänzer der Seitenpaare aufeinander zu. Dabei sind vier Schritte zu machen (drei Schritte + Anstellschritt). Am Ende drehen sich alle zum Zentrum des Quadrats.

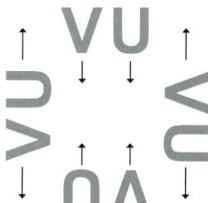

Dabei sind vier Schritte zu machen (drei Schritte + Anstellschritt). Die Seitenpaare (die sich nun auf der Ausgangsposition der Stirnpaare befinden) gehen aufeinander zu. Gleichzeitig gehen die Stirnpaare seitlich auseinander.

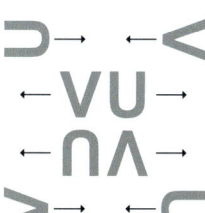

Die Tänzer der Stirnpaare gehen aufeinander zu und die der Seitenpaare seitlich auseinander. Alle Tänzer haben ihre Ausgangsposition wieder erreicht.
Dabei sind vier Schritte zu machen (drei Schritte + Anstellschritt).

Teil B wird wiederholt.

Molltonleitern

Verwandtschaft zwischen Dur- und Molltonleitern

1 Ergänzt die folgenden Sätze.

Der Intervallabstand zwischen der Durtonleiter und der verwandten Molltonleiter beträgt eine

_____.

In der Molltonleiter liegen die Halbtonschritte zwischen dem _____ und _____ sowie dem _____

und _____ Ton.

Die Vorzeichen der verwandten Tonleitern sind _____.

Reine und harmonische Molltonleiter im Vergleich

2 Vergleicht die Tonleitern. Ordnet die folgenden Informationen zu und hebt dabei gemeinsame Merkmale beider Tonleitern farbig hervor.

> Halbtonschritt zwischen 2. und 3. Ton – Halbtonschritt zwischen 5. und 6. Ton – Vorzeichen der verwandten Durtonleiter – zusätzliches Vorzeichen beim 7. Ton – übergroßer Tonabstand zwischen 6. und 7. Ton (GT und HT) mit besonderer Klangwirkung

reine Molltonleiter	harmonische Molltonleiter

Übungen

3 Findet die verwandte (parallele) Molltonleiter und ergänzt die Übersicht.

Durtonleiter	verwandte (parallele) Molltonleiter	Anzahl der Vorzeichen	Namen der Vorzeichen
F-Dur			
G-Dur			
C-Dur			
D-Dur			

4 Wandelt die reinen Molltonleitern in harmonische Molltonleitern um, indem ihr an der richtigen Stelle ein Versetzungszeichen einfügt.

Erarbeitet von: Stefan Auerswald

Ein eigenes Arrangement gestalten

1 Bildet über den Tönen der Tonleiter Dreiklänge in Grundstellung und untersucht, ob es sich um Dur- oder Molldreiklänge handelt. Beachtet das zusätzliche Vorzeichen.

Dreiklänge der Molltonleiter erforschen

2 Notiert die Kadenz in harmonisch e-Moll in allen Umkehrungen. Ergänzt die fehlenden Akkorde.

Eine Kadenz in Moll notieren

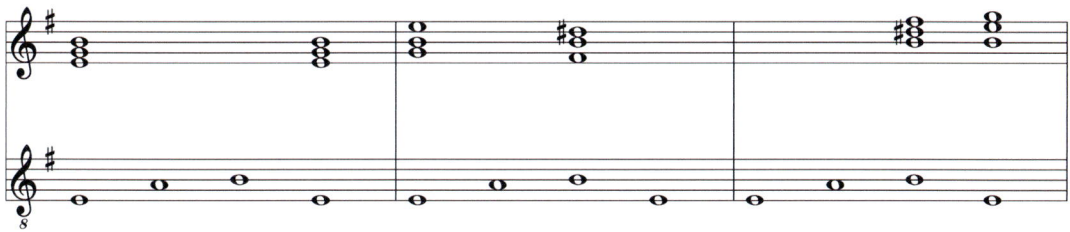

3 Schreibt ein einfaches Arrangement zur Melodie des Spirituals mit Begleitakkorden, Bass und zwei Rhythmusstimmen und musiziert es. Orientiert euch an den vorgegebenen Basstönen, um die passenden Begleitakkorde zu finden. Achtet bei den Rhythmusstimmen darauf, dass die Melodie und der Text nicht übertönt werden.

Von der Kadenz zum Arrangement

Go Down Moses   Spiritual aus den USA

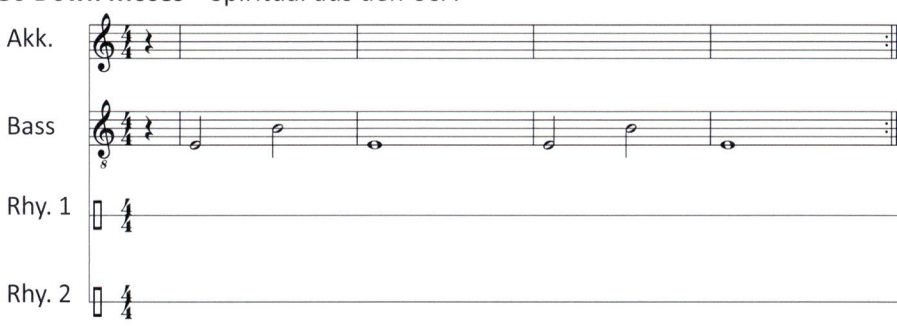

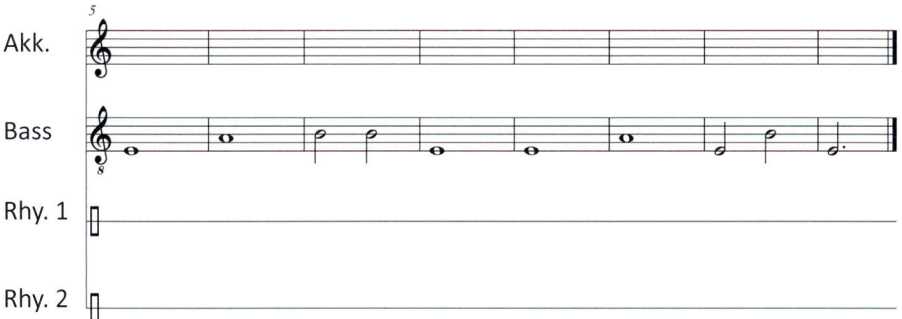

Cornelsen
Erarbeitet von: Stefan Auerswald
Notensatz: Cornelsen/Holger Jeschke

KV 8

Die dorische Tonleiter

1 Ergänzt die Noten zu dorischen Tonleitern.

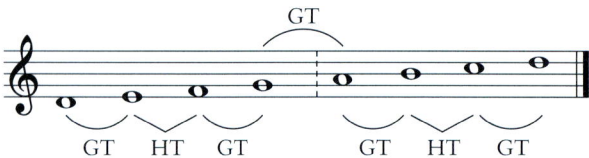

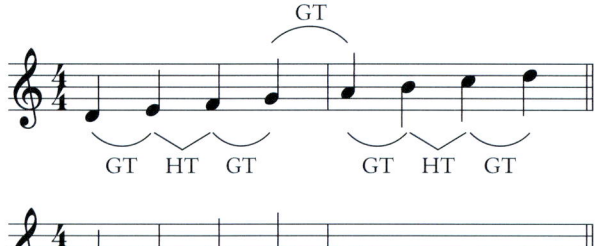

2 Wählt eine der dorischen Tonleitern aus und erfindet eine Melodie. Schreibt zunächst die benötigten Vorzeichen der Tonleiter an den Anfang jeder Notenzeile. Legt anschließend die Taktart fest und schreibt sie in der ersten Zeile hinter die Vorzeichen. Entwickelt eine Melodie, musiziert sie und schreibt sie auf.

Eleanor Rigby   John Lennon, Paul McCartney

1 Erarbeitet euch die dorische Melodie und die Begleitungen und musiziert auf Keyboards.

Cornelsen

Erarbeitet von: Ines Mainz
Musik und Text: John Lennon, Paul McCartney; Sony-ATV Tunes LLC / Sony/ATV Music Publishing
(Germany) GmbH; Notensatz: Cornelsen/Holger Jeschke

KV 10

So What   Miles Davis

1 Spielt zu dritt an zwei oder drei Keyboards diesen dorischen Jazztitel.

    a Überlegt gemeinsam, welche Instrumente ihr imitieren wollt, und stellt den entsprechenden Sound ein. Es sollte ein hörbarer Kontrast zwischen allen drei Spielern entstehen. Orientiert euch auch am Hörbeispiel.

    b Beachtet beim Musizieren, dass die Achtelnoten im Triolenfeeling gespielt werden.

    c Wenn jemand von euch Schlagzeug spielen kann, sollte er euer Trio begleiten.

Erarbeitet von: Ines Mainz | Illustration: Cornelsen/Hans Wunderlich
Music by Miles Davis; Jazz Horn Music Corporation / Downtown Music Germany GmbH /
Budde Music Publishing GmbH; Notensatz: Cornelsen/Holger Jeschke

KV 11

Tanzbausteine zu *Drowsy Maggie*

1 Wählt einen Tanzpartner und tanzt zu zweit:

1. Stellt euch gegenüber auf, gebt euch die rechte Hand und lauft zur Musik im Uhrzeigersinn umeinander herum. Wenn die musikalische Phrase wiederholt wird, gebt euch die linke Hand und lauft gegen den Uhrzeigersinn. Ihr könnt euch auch mit dem rechten bzw. linken Arm einhenkeln und umeinander herumlaufen oder euch auch beide Hände geben.

2. Improvisiert Tanzschritte und zeigt sie euch gegenseitig. Verwendet dazu Hacke und Spitze der Füße, einwärts und auswärts, Drehungen, Stampfen oder auch Sprünge. Eine Person macht seinem Gegenüber eine kurze Phrase vor, der oder die andere wiederholt die Phrase. Danach wird getauscht.

3. Schaut euch Drowsy Maggie im Film *Titanic* auf YouTube an. Oder lasst euch von irischen Tanzgruppen auf der Videoplattform inspirieren.

Rockinstrumente

1 Sammelt zu jedem Instrument interessante Informationen und ein Musikbeispiel. Vergleicht eure Ergebnisse und Musikbeispiele.

2 Dieses Instrument würde ich am liebsten spielen können: _____

E-Gitarre	E-Bass
Eine bekannte Gitarristin oder ein bekannter Gitarrist:	Eine bekannte Bassistin oder ein bekannter Bassist:
Mein Musikbeispiel:	Mein Musikbeispiel:

Keyboard	Schlagzeug
Eine bekannte Keyboarderin oder ein bekannter Keyboarder:	Eine bekannte Schlagzeugerin oder ein bekannter Schlagzeuger:
Mein Musikbeispiel:	Mein Musikbeispiel:

Cornelsen

Erarbeitet von: Georg Maas
Illustrationen: Cornelsen/Hans Wunderlich

KV 13

Keyboardsounds

1 Unterscheidet klassische Keyboardsounds und vergleicht sie mit dem Klangbild traditioneller Instrumente.

2 Verbindet beim Hören die Felder der Musikausschnitte in gerader Linie mit dem passenden Instrument.

> **Tipp** Wenn die Verbindungslinie ein anderes Feld schneidet, so findet ihr hier einen Hinweis, wie man sich den Klang merken kann.

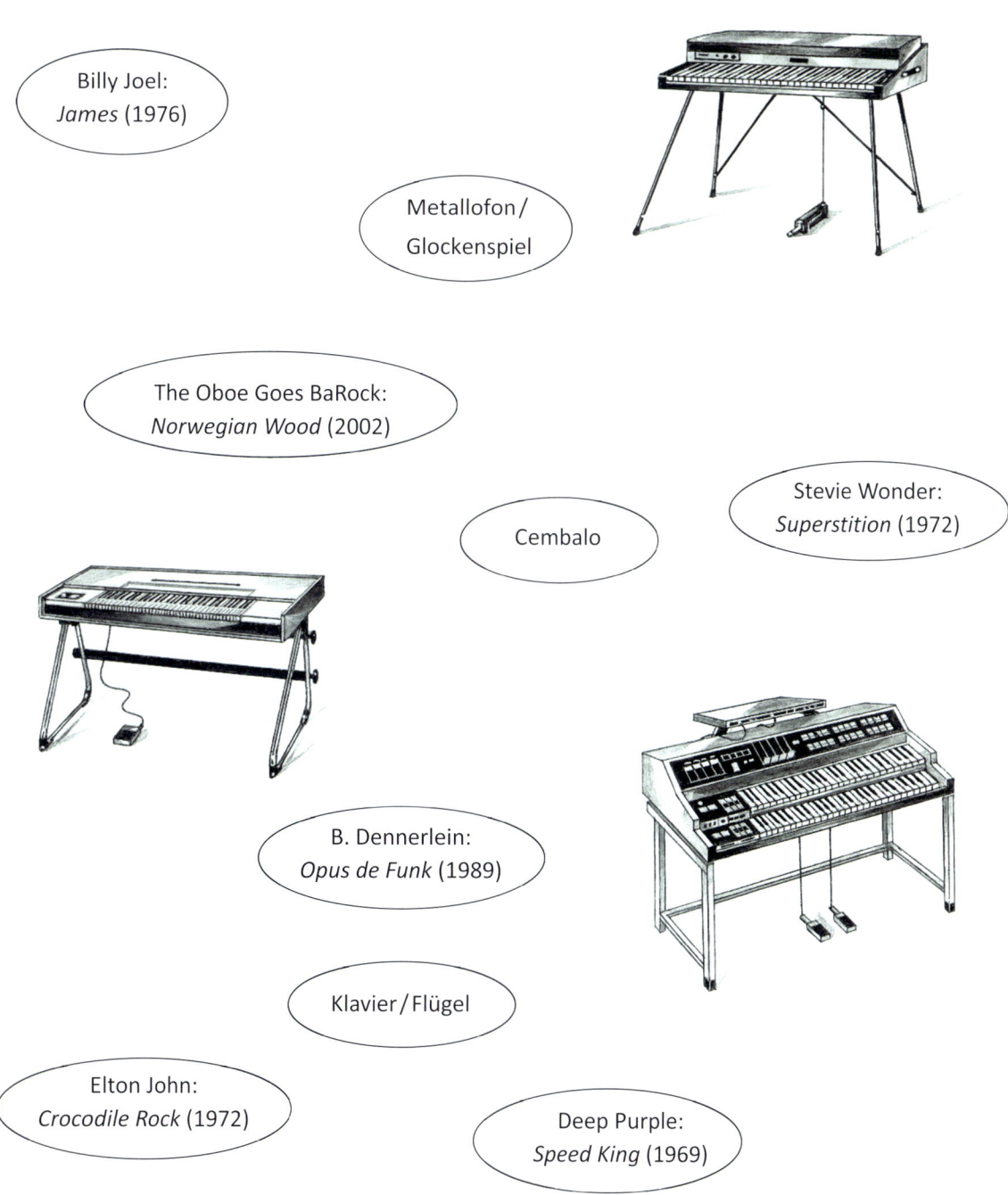

Billy Joel: *James* (1976)

Metallofon/Glockenspiel

The Oboe Goes BaRock: *Norwegian Wood* (2002)

Stevie Wonder: *Superstition* (1972)

Cembalo

B. Dennerlein: *Opus de Funk* (1989)

Klavier/Flügel

Elton John: *Crocodile Rock* (1972)

Deep Purple: *Speed King* (1969)

Cornelsen
Erarbeitet von: Georg Maas
Illustrationen: Cornelsen/Karl-Heinz Wieland

KV 14

Knockin' on Heaven's Door (1/2)

1 Musiziert diesen Klassiker von Bob Dylan in Bandbesetzung.

> **TIPP** Bei den Powerchords werden nur die zwei oder drei tief klingenden Saiten der Gitarre angeschlagen. Man kann zu jedem beliebigen Grundton einen Powerchord erzeugen, indem man den Griff entsprechend auf dem Griffbrett verschiebt.

Erarbeitet von: Jens Arndt; Notensatz: Cornelsen/Holger Jeschke; Musik: Ram's-Horn-Music/ Dwarf Music / D/A/CH: Sony/ATV Publishing (Germany GmbH), Berlin / Melodie: Bob Dylan

Knockin' on Heaven's Door (2/2)

1 Fügt ein Solo hinzu. Hierfür eignet sich besonders die Strophe.

> **TIPP** Ihr könnt das Solo1 oder Solo 2 als Anregung nutzen.

Solo 1

Solo 2

Cornelsen

Erarbeitet von: Jens Arndt; Notensatz: Cornelsen/Holger Jeschke;
Musik: Ram's-Horn-Music/Dwarf Music / D/A/CH: Sony/ATV Publishing (Germany GmbH), Berlin /
Melodie: Bob Dylan

KV 16

Gegenspieler: Beatles und Stones

1 Recherchiert zu den beiden Bands und beschriftet die Tabelle.

2 Was erfahrt ihr über das Image der Stones und ihr Verhältnis zu den Beatles?

	The Beatles	The Rolling Stones
Bilder der Band		
Von Journalisten gerne bezeichnet als …	„_____ Four"	„_____ Boys"
Heimatstadt		
Musikalische Wurzeln		
Anzahl der Musiker und Sänger		
Gesang		
Gitarre		
Gitarre		
Bassgitarre		
Schlagzeug		
Dauer der Karriere und Beständigkeit der Besetzung	19____ – 19____ _____ Besetzung	19____ bis heute _____ Besetzung
Die meisten Songs der Band schrieben …		
Die erste Schallplatte	_____ (Lennon, McCartney) 5.10.1962	_____ (Chuck Berry) 7.6.1963
Die zweite Single wird der erste Hit und stammt von …	_____ (_____) 11.1.1963	_____ (Lennon, _____) 1.11.1963
Zwei ähnlich gestaltete Langspielplatten im Jahr 1967	*Sgt. Pepper's* _____ _____ *Band*	*Their* _____ _____ *Request*
Zwei ähnlich benannte Langspielplatten	*Let It* _____ (1969/70)	*Let It* _____ (1969)
Eine Song-Antwort auf die Studentenunruhen 1968	_____	_____

Cornelsen

Erarbeitet von: Georg Maas
Fotos: mauritius images/alamy stock photo/Tracksimages.com (The Beatles);
Imago Stock & People GmbH/Everett Collection/xCourtesyxEverettxCollectionx
TBDEDSU EC020 / (The Rolling Stones)

BRAVO-Schlagzeilen über ABBA®

1 Sortiert die Schlagzeilen über ABBA aus dem Schülerbuch (→ Seite 53) in die mittlere Tabellenspalte, passend zu den Kategorien daneben.

2 Was verraten diese BRAVO-Schlagzeilen aus den Jahren 1974–1992 über ABBA? Notiert eure Schlussfolgerungen stichpunktartig in der dritten Spalte.

3 Sucht im Internet nach passenden Bildern, druckt sie aus und klebt sie in die linke Spalte.

		Werdegang
		Arbeitsweise
		Ansehen bei den Fans
		persönliche Hintergründe

Cornelsen   Erarbeitet von: Margrit Bethin

Coverversionen eines ABBA-Songs

1 Tragt in der Tabelle ein, welche musikalischen Mittel ihr beim Hören der drei Songs erkannt habt.

2 Vergleicht die zwei Bearbeitungen mit dem Original.

ABBA *Gimme! Gimme! Gimme!* *(A Man After Midnight)*	Vergleichspunkte	Yngwie Malmsteen *Gimme! Gimme! Gimme!* *(Your Love After Midnight)*	Madonna *Hung Up*
	Instrumente		
	Gesang		
	Aufbau		
	Musikstil		
	Takt und Betonungen		
	Tempo		
	Dynamik		
Text im Vergleich zum Original (sinngemäß)			

Erarbeitet von: Margit Bethin

Smoke On the Water – Mitspielsatz

Bei den Powerchords werden nur die zwei oder drei tief klingenden Saiten der Gitarre angeschlagen. Man kann zu jedem beliebigen Grundton einen Powerchord erzeugen, indem man den Griff entsprechend auf dem Griffbrett verschiebt.

Weitere Powerchords

G-Powerchord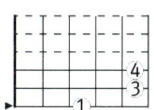

B-Powerchord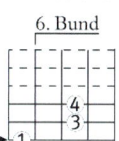

C-Powerchord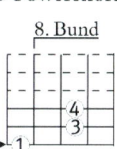

Des-Powerchord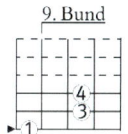

Cornelsen

Erarbeitet von: Jens Arndt; Notensatz: Cornelsen/Holger Jeschke; Musik: Jon Lord / Ritchie Blackmore / Ian Gillan / Roger Glover / Ian Paice; © 1972 Henrees Music Co. / D/A/CH/Osteuropäische Länder: EMI Music Publishing Germany GmbH, Hamburg

KV 20

Udo Lindenberg: *Wir wollen doch einfach nur*

1 In der rechten Tabellenspalte findest du Erklärungen zum Text des Lindenberg-Songs.
Setze die zutreffenden Begriffe aus dem Lied links dazu.

Stell dir vor, du kommst nach Ostberlin
und da triffst du ein ganz heißes Mädchen,
so ein ganz heißes Mädchen aus Pankow.
Und du findest sie sehr bedeutend
und sie dich auch.
Dann ist es auch schon so weit.
Ihr spürt, dass ihr gerne zusammen seid,
und ihr träumt von einem Rockfestival auf dem Alexanderplatz
mit den Rolling Stones und 'ner Band aus Moskau.

Doch plötzlich ist es schon zehn nach elf
und sie sagt: „Ey, du musst ja spätestens um zwölf wieder drüben sein,
sonst gibt's die größten Nerverei'n,
denn du hast ja nur 'nen Tagesschein."
Mädchen aus Ostberlin, das war wirklich schwer.
Ich musste gehen, obwohl ich so gerne noch geblieben wär.
Ich komme wieder ... und vielleicht geht's auch irgendwann mal auch ohne Nerverei'n.
Da muss doch auf die Dauer was zu machen sein.

Ich hoffe, dass die Jungs das nun bald in Ordnung bringen,
denn wir wollen doch einfach nur zusammen sein.
Vielleicht auch mal etwas länger,
vielleicht auch mal etwas enger.
Wir wollen doch einfach nur zusammen sein ...

Wörterschlüssel

	Hauptstadt der damaligen Sowjetunion und damit politisches Zentrum des kommunistischen Ostblocks
	Britische Rockband, die als besonders rebellisch galt und deshalb damals im Osten Europas nicht auftreten durfte. Ihr von Publikumskrawallen begleiteter Auftritt in Westberlin hatte 1965 in der DDR zum Verbot aller Beatgruppen geführt.
	Wichtiger Platz und Verkehrsknotenpunkt in Ostberlin
	Der Grenzübertritt gestaltete sich schwierig: Man musste für das Visum Geld bezahlen und einen Zwangsumtausch vornehmen (Westgeld = DM gegen Ostgeld = Mark). Die Kontrollen fanden unter strengsten Sicherheitsvorkehrungen und der Bewachung bewaffneter DDR-Grenzsoldaten statt. Eine unbedachte Bemerkung gegenüber den Grenzern konnte die Zurückweisung oder schlimme Konsequenzen haben.
	Stadtbezirk im Ostteil Berlins
	Gemeint: Tagesvisum. Von Westberlin aus konnte man mit einem Tagesvisum Ostberlin besuchen, musste aber bis Mitternacht das „Staatsterritorium der DDR" wieder verlassen haben.
	Ironisch für: die Politiker in beiden Teilen Deutschlands

Erarbeitet von: Georg Maas
Liedtext: Star-Musikproduktion / Universal Music Publ. GmbH/MCA Music GmbH, Hamburg /
Text: Udo Lindenberg

KV 21

Hip-Hop

1 Beschreibt die auf den Fotos dargestellten Erkennungszeichen der Hip-Hop-Kultur und ergänzt um weitere euch bekannte Besonderheiten. Findet passende Fachwörter.

2 Bringt Erkennungszeichen der Hip-Hop-Kultur mit in den Unterricht und stellt eine Szene nach. Fotografiert und klebt das Bild ein.

Erarbeitet von: Claudia Pfaffelhuber
Fotos: l.o.: imago/Gonzales Photo/Christian Hjorth; r.o.:mauritius images/emotive images; l.u.: imago/
VWPics/Nano Calvo NN-BREAKDANCE-468; r.u.: imago/Flemming Bo Jense/Avalon/Photosh

Cornelsen

KV 22

Berufe in der elektronischen Clubszene (1/5)

Wenn man sich genauer mit Musik beschäftigt, dann stellt man fest, dass es im Bereich der Musik auch viele Berufe gibt, die man ausüben kann. Neben den klassischen Berufen wie Komponist, Dirigent, Musikpädagoge oder den Tontechniker gibt es noch viele weitere Arbeitsfelder - unter anderem im Bereich der elektronischen Club- und Musikszene. Die in Oslo geborene Beth Lydi und der gebürtige Berliner Andreas Henneberg sind seit vielen Jahren in der elektronischen Clubszene unter anderem als DJs, Labelbetreiber und Produzenten aktiv. In einem Interview erklären sie uns, was die Aufgaben eines DJs und Produzenten sind, welche Kompetenzen man zum Ausüben dieses Berufs mitbringen sollte und wie man den Beruf erlernen kann.

Beth, wie bist du zum DJing und Produzieren gekommen und wie entstand die Liebe zur elektronischen Musik?

Beth Lydi: *Ich habe immer eine große Leidenschaft für Musik gehabt. Als ich aufgewachsen bin, habe ich Gesang, Klavier und Geige gelernt. Elektronische Musik hat mich früh begeistert, da sie etwas Rebellisches in sich trug, was mich faszinierte. Schon mit 15 Jahren wollte ich einen DJ-Kurs machen. Das fanden meine Eltern aber nicht so toll und so wurde es erst einmal auf Eis gelegt. Durch mein Bachelorstudium konnte ich ein ERASMUS-Jahr in Berlin machen, und da flammte wieder meine Liebe für elektronische Musik auf. Als ich die Möglichkeit bekam, mich an zwei Plattenspieler zu stellen und mich mit Vinyl zu beschäftigen, hat es nicht lange gedauert und das DJing wurde eins meiner Lieblingshobbys.*

Was fasziniert dich am DJing?

Beth Lydi: *Es gibt mehrere, ganz unterschiedliche und faszinierende Facetten. Es ist schön, Leute auf eine musikalische Reise mitnehmen zu können. [...] Für uns, aber auch für die Leute auf der Tanzfläche, ist es eine Verbindung und eine Realität, die es nur in diesem Moment gibt - unabhängig davon wie die Welt außerhalb dieses Moments gerade aussieht. Natürlich macht es auch großen Spaß, die Musik zu spielen, die man selber mag, und es ist wirklich berauschend, wenn man merkt, dass es gut auf dem Dancefloor ankommt. Die technische Entwicklung hat auch viele Spielereien ermöglicht, die man früher nicht so hatte und man kann sich spontan auch Tracks[1] so zusammenstellen, dass etwas ganz Neues geschaffen wird. [...]*

Was macht denn ein DJ genau?

Beth Lydi: *Ein DJ sorgt durch seine Trackauswahl dafür, dass Leute auf dem Dancefloor ein außergewöhnliches Erlebnis haben. Da gehört so einiges dazu. Man muss die Technik beherrschen mit der man auflegt, aber auch die Leute, die Umgebung und die Tageszeit mit einbeziehen. Darüber hinaus sollte man seine Musik kennen, sich „up to date" halten im Bezug auf neue Musik und schauen was zum eigenen Stil passt und es mögen zu den unterschiedlichsten Zeiten unterwegs zu sein.*

---

[1] Track: Bezeichnung für ein Musikstück in der elektronischen Clubmusik

Erarbeitet von: Benjamin Laudien
Foto: Depositphotos/Uri Prat

KV 23

Berufe in der elektronischen Clubszene (2/5)

Was ist das Handwerkszeug eines DJs?
Beth Lydi: *Früher hatte man die Musik auf Kassette und Vinyl, später dann auf CD. Mittlerweile kann man die Titel einfach von einem USB-Stick mit ausreichendem Speicherplatz oder direkt online aus der Cloud abspielen.*
Das Mindeste sind zwei Abspielgeräte, ein Mischpult zum Mixen der Tracks, ein Kopfhörer zum Vorhören des nachfolgenden Titels und eine Musikanlage. [...]

Gibt es bestimmte Qualitätsmerkmale des Equipments, die für das berufliche Auflegen wichtig sind?
Beth Lydi: *Es gibt einen Clubstandard und es ist sinnvoll, sich vorher mit den Funktionen von diesen Playern und den Mixern auseinanderzusetzen. Hier ist viel Übung nötig, denn umso besser du die Technik beherrschst, umso mehr Sicherheit und Spaß wirst du dabei haben, auf einer Bühne zu stehen, Songs zu mixen und mit deinem Publikum zu interagieren:*

Welche Kompetenzen sollte man mitbringen, wenn man DJ werden möchte?
Beth Lydi: *Ein DJ sorgt durch seine Trackauswahl dafür, dass Leute auf dem Dancefloor ein außerge-wöhnliches Erlebnis haben. Da gehört so einiges dazu. Man muss die Technik beherrschen, mit der man auflegt, aber auch die Leute, die Umgebung und die Tageszeit mit einbeziehen. Darüber hinaus sollte man seine Musik kennen, sich „up to date" halten im Bezug auf neue Musik und schauen, was zum eige-nen Stil passt und es mögen zu den unterschiedlichsten Zeiten unterwegs zu sein.*

Andreas Henneberg, was macht ein Produzent und gibt es Unterschiede beim Produzieren von elektroni-scher Musik gegenüber anderen Mu-sikstilen?
Andreas Henneberg: *Ein Produzent im Bereich der elektronischen Musik erschafft einzelne musikalische Kom-ponenten wie den Bass, die Melodie, die Kick, die Percussion und arrangiert diese zu einem fertigen Musikstück. Da elektronische Musik heutzutage*

hauptsächlich am Rechner [...] entsteht, kann die Produktion den vollständigen Entstehungsprozess eines Musikstückes beinhalten. Dadurch ist es nicht mehr zwingend notwendig, ein Instrument spielen zu kön-nen oder teure Recording-Studios zur Aufnahme zu mieten. Vor allem aber der kreative Teil wie Song-writing, Sound-Design[1] und Arrangement[2] steht bei der Produktion von elektronischer Musik weit im Vordergrund.
Die Produktion anderer Musikrichtungen beschränkt sich meist auf technische Aufgaben, z. B. die Auf-nahme der einzelnen Instrumente, das Abmischen der einzelnen Audiospuren, oder das Mastern, wäh-rend der kreative Teil meist den Musikern vorbehalten ist.

Welche Fähigkeiten und Interessen sollte ein Produzent mitbringen?
Andreas Henneberg: *Ein musikalisches Grundverständnis, ein wenig Taktgefühl, technisches Interesse, ein durchschnittliches Computerwissen und viel Geduld sind die Grundvoraussetzung, die man mitbrin-gen sollte. Es ist von Vorteil, immer wissbegierig auf technische Neuerungen und die sich schnell verän-*

[1] Sound-Design: Englisch für „Tongestaltung" – bezeichnet die kreative Arbeit mit Klängen und Geräuschen

[2] Arrangement: Beschreibt die musikalische Abfolge von Musik auf der Zeitskala (z. B. Strophe, Refrain usw.)

Erarbeitet von: Benjamin Laudien
Foto: stock.adobe.com/ra0

KV 24

Berufe in der elektronischen Clubszene (3/5)

Wie beginnt man eigentlich mit dem Produzieren eines Tracks?

Andreas Henneberg: *Mit etwas Kreativität, Inspiration und zuverlässiger Technik kann man schnell zu großartigen Ergebnissen kommen. Mithilfe der „Piano-Roll"[1] [...] kann man einfache ebenso wie komplexe Melodien und Rhythmen erstellen, ohne selbst ein Instrument spielen zu können. Schon die grobe Skizze einer Melodie-Idee kann direkt zu einem groovigen Beat oder einer passenden Bassline inspirieren. Mit etwas Übung und Geduld hat man dann schnell einen guten Startpunkt.*

Häufig liest man bei elektronischer Musik von den Begriffen „Remix", „Edit" oder „Mashup". Was ist denn das und worin liegen die Unterschiede?

Andreas Henneberg: *Bei einem Remix bearbeitet ein Künstler auf Anfrage einen bereits bestehenden Original-Titel mit den eigenen Stilmitteln. Dazu stehen dem Künstler die einzelnen Aufnahmespuren (z. B. Gesang, Bass, Drums) des originalen Titels zur Verfügung.*

Unter einem Edit kann man zwei verschiedene Sachen verstehen. So kann ein Edit eine leicht andere Version des Originals sein. Ein Beispiel hierfür wären kürzere Radio Edits oder ein tanzbarer Club Edit. Diese Edits werden in der Regel vom Künstler erstellt, der auch das Original produzierte. Ein Edit kann aber auch ein „nicht offiziell" angefertigter Remix sein, wo dem Originaltitel weitere Elemente hinzugefügt werden oder das Arrangement verändert wird.

Bei einem Mashup hingegen werden zwei völlig verschiedene Originaltitel übereinandergelegt, also gleichzeitig abgespielt. Das Tempo und die Tonlage beider Titel sind dabei idealerweise identisch oder passend.

Inwiefern unterscheidet sich das Erstellen eines Remixes, eines Edits oder eines Mashups von einer herkömmlichen Eigenproduktion?

Andreas Henneberg: *Zu einem Remix gibt es bereits einen originalen Titel. Hier vermischt der Produzent bzw. Remixer seinen eigenen Stil mit den Melodien, dem Gesang und anderen musikalischen Elementen des Originals. Ein gutes Beispiel hierfür ist ein Rock-Song, für den ein Techno Remix gemacht werden soll.*

Eine Eigenproduktion fängt hingegen bei null an. Der Produzent muss sich die einzelnen Elemente wie die Melodie, den Groove, den Bass und Ähnliches selbst kreativ erarbeiten.

Der Mashup ist vor allem für DJs interessant, weil hier bereits zwei Titel vereint übereinander gelegt wurden. Dies kann bei einem DJ-Set für Überraschung beim Publikum sorgen, während sich der DJ bereits auf den nächsten Übergang konzentrieren kann.

[1] Piano-Roll: Die Piano-Roll erlaubt eine einfache Eingabe oder Bearbeitung von Noten eines Musikstücks am Computer.

Erarbeitet von: Benjamin Laudien

Berufe in der elektronischen Clubszene (4/5)

Beth Lydi und Andreas Henneberg erzählen im Interview, welche Aufgaben, Kompetenzen und Interessen für die Ausübung der jeweiligen Arbeit wichtig sind.

1 Lies die Interviews noch einmal durch und markiere mit verschiedenen Farben, welche Fähigkeiten, Interessen und Arbeitsaufgaben erwähnt werden. Trage diese dann in die Tabelle ein.

	Diskjockey	Produzent*in
Fähigkeiten		
Interessen		
Aufgaben im Arbeitsalltag		

2 Beth Lydi erklärt im Interview, welches Handwerkszeug DJs benötigen. Beschrifte das Equipment auf der Abbildung.

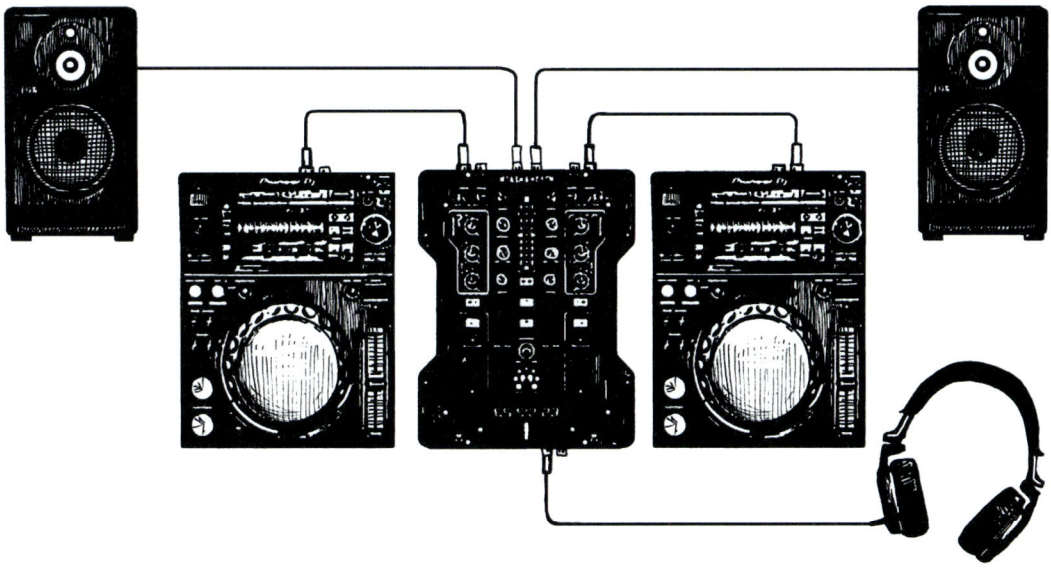

Cornelsen

Erarbeitet von: Benjamin Laudien
Illustration: Cornelsen/Dorina Tessmann

KV 26

Berufe in der elektronischen Clubszene (5/5)

Viele Künstlerinnen und Künstler der elektronischen Clubmusik produzieren nicht nur eigene Tracks, sondern auch einen „Remix" oder einen „Mashup". Worin liegen aber die Unterschiede zwischen Orginal, Remix und Mashup?.

1 Erklärt die Begriffe in kurzen Sätzen.

Original: _____

Remix: _____

Mashup: _____

Wenn ein DJ für eine bestimmte Veranstaltung gebucht wird, werden oftmals im Vorfeld Tracks herausgesucht, die zur Tageszeit, zum Publikum, zur Location und zum Event passen. Die Tracks in ihrer Abfolge, die letzten Endes vom DJ aufgelegt werden, bezeichnet man als Tracklist, Playlist oder auch Setlist. Ziel eines DJs ist es, dass durch die Musik, die aufgelegt wird, eine positive Atmosphäre geschaffen wird und die Leute im besten Fall auch tanzen.

2 Stellt euch vor, dass ihr eine Sommerparty organisiert und dazu eure Freunde einladet. Welche fünf Songs würdet ihr auf dieser Party auf jeden Fall abspielen? Schreibt die Songs auf und begründet am Ende eure Auswahl.

▶ Song 1: _____

▶ Song 2: _____

▶ Song 3: _____

▶ Song 4: _____

▶ Song 5: _____

3 Erstellt einen kleinen „Mix" aus diesen Songs und nehmt ihn auf, damit ihr ihn später anderen vorspielen könnt. Nutzt hierfür eine DJ-App beziehungsweise ein DJ-Programm. Probiert dabei auch die Effekte und Equalizer-Regler aus und hört, was passiert. Vielleicht könnt ihr diese Effekte in euren Mix mit einbauen.

Die Fantastischen Vier: *Populär*

1 Rappt, musiziert und tanzt gemeinsam das Lied „Populär" der Fantastischen Vier. Bildet dazu Gruppen: die Rapper, die Band und die Dancer. Erarbeitet euren Beitrag selbstständig. Tipps findet ihr auf den entsprechenden Karten.
Führt anschließend eure Beiträge zusammen.

2 Führt das Lied „Populär" zu einem Schulfest (oder zu einem anderen Anlass) auf. Gestaltet dafür Einladungen, Plakate und die Bühne und kleidet euch passend.

Die Rapper:

a) Verteilt den Text strophenweise auf einen oder mehrere Rapper. Jeder überträgt den Text seiner Strophe von → Seite 60, 61 so, dass genügend Platz zwischen den Zeilen für Eintragungen bleibt.

b) Hört euch den Song (mehrfach) an. Konzentriert euch dabei auf den „Groove" und bewegt euch passend von einem Bein auf das andere. Ihr könnt dabei auch Körperinstrumente einsetzen.

c) Markiert die Wörter, die die jeweilige Eins im Takt (4/4) bilden: Nicht immer sind die Wörter am Beginn einer Zeile identisch mit dem Schwerpunkt.

d) Nutzt das Playback und rappt dazu eure Strophe. Greift dabei auf eure Bewegungen aus b) zurück. Sucht nach geeigneten Atemstellen und notiert sie.

e) Verfeinert eure Interpretationen, indem ihr die Dynamik und Textgestaltung miteinander besprecht.

Die Band:

a) Klärt zunächst die Besetzung. Falls nicht genügend Bandinstrumente zur Verfügung stehen, lassen sich die Stimmen durch andere Instrumente ersetzen. Beim Erarbeiten der Stimmen unterstützt die gesamte Band die jeweiligen Instrumentalisten. Das Tempo sollte nicht zu schnell sein.

b) Übt zunächst die Bass-drum-Stimme. Ein Bandmitglied zählt zwei Takte ein und legt damit das Tempo fest („1 – 3, 1-2-3-4"). Alle steigen dann mit der Stimme ein (Vocal Percussion).
Wiederholt das Pattern, bis ihr es sicher beherrscht. Es kann hilfreich sein, das Metrum leise mitzuklatschen. Dann wird die Bass-drum eingesetzt, die anderen Bandmitglieder unterstützen mit Vocal Percussion (→ Seite 26).

c) Anschließend werden die Stimmen in der Reihenfolge Bass, Keyboard und Gitarre erarbeitet. Jede Stimme kann durch Körper- und Rhythmusinstrumente unterstützt werden.

d) Beim Probieren und Aufführen an das Einzählen denken: Das übernimmt das Schlagzeug, indem die Schlagstöcke gegeneinander geschlagen werden.

Die Dancer:

Erstellt eure eigene Choreografie mithilfe der Tanzbausteine von → Seite 13 ff.

a) Probiert alle Schritte zunächst einzeln zur Musik aus.

b) Entscheidet euch für eine Aufstellung und entwickelt dann eine passende Abfolge der Bausteine. Denkt auch an Armbewegungen.

c) Notiert eure Abfolge für eine Strophe.

Erarbeitet von: Ines Mainz

KV 28

Steckbrief zu Philipp Stölzl

1 Ergänzt die fehlenden Punkte im Steckbrief von Philipp Stölzl mithilfe einer Internet-Recherche.

- geboren _____ in _____

- 1988 Ausbildung als _____

  bei den Münchner Kammerspielen

- seit 1996 Regisseur von _____, z. B.

  für _____ (italienischer Opernstar),

  _____ (deutsche Punkrock-

  Bands), _____ (amerikanische Sängerinnen)

  und _____ (norwegische Band)

- ab 2000 vermehrt in der Werbung tätig, z. B. für folgende Produktmarken:

  _____

  _____

- Regisseur von _____, darunter „Baby" (2002),

  „_____" (2008)

  und „_____!" (2010)

- seit 2005 auch Opernregisseur:

Name der Oper / Operette	Komponist	Jahr / Ort der Inszenierung
_____	Carl Maria von Weber	2005 Meiningen
Benvenuto Cellini	_____	2007 Salzburg
_____	Charles Gounod	_____ Basel
Der fliegende Holländer	_____	2009 _____
_____	Richard Wagner	2010 _____
_____	_____	2010 Stuttgart

Cornelsen

Erarbeitet von: Margrit Bethin
Foto: imago/SKATA

Zehn Schritte zum eigenen Musikvideo

1 Dreht euer eigenes Musikvideo, indem ihr die folgenden Schritte anwendet.

1. Wählt einen Song aus, der euch besonders gut gefällt.

2. Lest den Songtext gründlich durch und übersetzt ihn gegebenenfalls.

3. Überlegt euch ein Gestaltungskonzept: Soll eher der Textinhalt nacherzählt werden oder steht die Performance im Vordergrund?

4. Fertigt ein Storyboard an, auf dem ihr die verschiedenen Textstellen mit genauen Zeitangaben (entsprechend der Dauer im Song) verseht.

5. Dreht die gewünschten Filmszenen mit der Videokamera (im Park, auf dem Schulhof usw.). Orientiert euch dabei an den Zeitangaben im Storyboard, aber filmt immer mehr als ihr am Ende benötigt.

Zeit	Text	Ideen zur Umsetzung
1:20	I tightly lock the door I try to catch my breath again	junger Mann rennt in sein Zimmer, schließt von innen ab, steht schwer atmend an der Tür
1:27	I hurt much more	close-up auf schmerzverzerrtes Gesicht

6. Soll kein Originalplayback unterlegt werden, musiziert den Song selbst und nehmt die Instrumentalisten/Sänger jeweils durchlaufend mit Kamera und Mikrofon auf.

7. Sichtet das gewonnene Material und notiert, welche Szenen/Einstellungen besonders gut gelungen sind und im Video auf keinen Fall fehlen dürfen.

8. Legt mit genauen Zeitangaben den konkreten Ablauf der Szenen fest.

9. Überspielt die Videosequenzen auf den Computer und schneidet die einzelnen Szenen mit einem geeigneten Programm wie geplant aneinander.

10. Unterlegt den Film mit dem Playback/der Aufnahme des musizierten Songs und korrigiert etwaige Ungenauigkeiten mithilfe der Videoschnitt-Software. Nutzt die Bildbearbeitung des Programms für Spezialeffekte (z. B. altes Foto, Verzerrungen, Schwarz-Weiß-Aufnahmen usw.).

Erarbeitet von: Margrit Bethin

KV 30

Spiele zu Stars und Stilen der Rock- und Popmusik

Spiel 1: Stimmen (wieder-)erkennen

1 Wer singt hier auf Deutsch?

1. _____ 2. _____ 3. _____

Spiel 2: Internationale Stilelemente in deutschsprachiger Popmusik entdecken

2 Ordnet den Musikstücken die folgenden Stile zu: Punk, Rock 'n' Roll, Heavy Metal und Disco.

1. _____ 2. _____ 3. _____ 4. _____

Spiel 3: Stilwandel in Coverversionen aufspüren

3 Bestimmt die Stile der Coverversionen.

1. Eddie Cochran: *C'mon Everybody* (1958) Rock 'n' Roll

    UFO (1970): _____

2. Bee Gees: *Stayin' Alive* (1977) Disco

    N-trance (1995): _____

3. The Beatles: *Another Girl* (1965) Beat

    Punkles (2003): _____

4. Otto: _____ (1983) Volkslied

    Welchen Stil und welche Musikzitate verwendet Otto? _____

    _____

Spiel 4: Stilmix entwirren

4 Hört euch die drei „gemixten" Songs an und bestimmt anschließend deren Zutaten. Wählt für jeden Song eine Farbe und verbindet ihn mit seinen Zutaten durch farbige Linien.

1. Arthur Wilkinson   2. Big Daddy   3. The Black Sweden

The Beatles: *Can't Buy Me Love*

Peter I. Tschaikowski: *Tanz der Zuckerfee* aus *Der Nussknacker*

ABBA: *Mamma Mia*

Jerry Lee Lewis: *Great Balls of Fire*

The Beatles: *Lucy in the Sky With Diamonds*

Deep Purple: *Smoke On the Water*

Erarbeitet von: Margrit Bethin

Das Bluesschema

Der Aufbau des Bluessongs *Ramblin' On My Mind* folgt einem häufig anzutreffenden Formmodell, dem sogenannten **Bluesschema**.

Takt 1	2	3	4
C			
T			
1. Zeile: *I've got ramblin', I've got ramblin' all on my mind.*			

5	6	7	8
2. Zeile:			

9	10	11	12
3. Zeile:			

1 Ergänze die Übersicht und benutze dazu die Noten im Schülerbuch auf → Seite 73.

    a Trage die fehlenden Textzeilen aus der ersten Strophe ein. Was lässt sich über den Melodieverlauf sagen?

    b Übertrage die Akkordangaben in die richtigen Felder (jeweils zweite Zeile). Wähle für jeden der drei Akkorde eine Farbe, mit der du die zugehörigen Felder ausmalst oder einrahmst.

    c Schreibe unter die Akkordbuchstaben die zugehörigen Bezeichnungen für die Hauptdreiklänge, wenn C-Dur die Tonika (T) ist, und fülle alle Felder der Zeilen aus. Hilfe findest du im Schülerbuch auf → Seite 30.

2 Notiere in jedem Takt den Grundton des zugehörigen Begleitakkords.

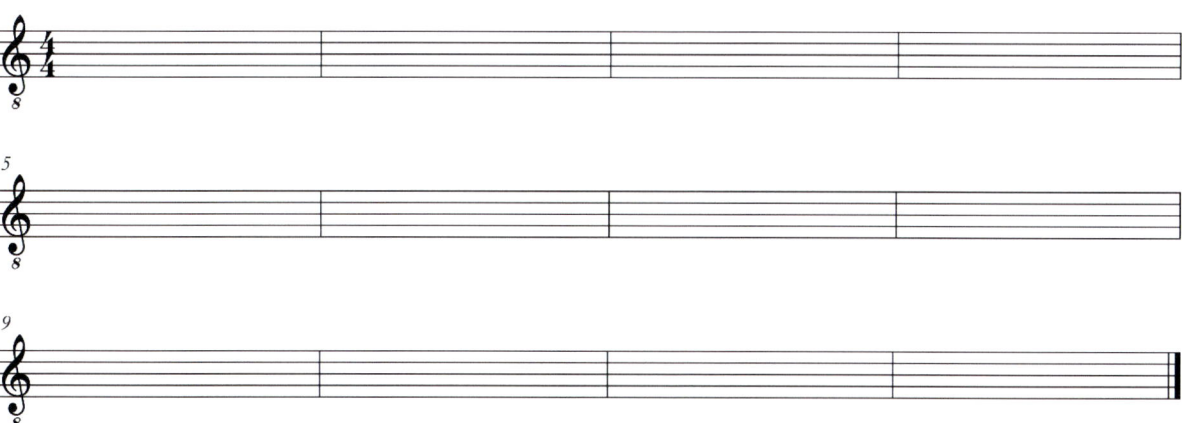

Ramblin' On My Mind – Begleitung

1 Verwendet das Begleitmodell des ersten Taktes, indem ihr es in allen weiteren Takten auf den jeweiligen Grundton der Harmonie übertragt. Schreibt die Noten und übt die Begleitung.

Kennt man das Bluesschema, so lässt sich eine einfache Begleitung erfinden und improvisieren.

2 Improvisiert zur Begleitung mit den Tönen einer Bluestonleiter.

Töne zur Improvisation

Cornelsen
Erarbeitet von: Georg Maas
Notensatz: Cornelsen/Holger Jeschke

Ännchen von Tharau – Mitspielsatz

Cornelsen

Notensatz: Cornelsen/Holger Jeschke
Melodie: Friedrich Silcher
Mitspielsatz: Reinhard Böhle

KV 34

Lieder als Ausdruck von Glauben

1 Singt das Lied.

2 Beschreibt, wie die Musik die Botschaft des Textes unterstützt.

3 Analysiert den Melodieverlauf. Achtet dabei auf den Tonumfang, die Verwendung von Moll- und Durakkorden, auf melodische Höhepunkte und die Anzahl der Töne pro Silbe.

4 Vergleicht das Notenbeispiel im Schulbuch auf der → Seite 84 mit der Kopiervorlage. Welche Wörter werden besonders betont?

Etwa 500 Jahre liegen zwischen der Entstehung der beiden Kirchenlieder, die das Verhältnis von Mensch zu Gott zum Thema haben.

Meine Zeit

	Tonumfang	verwendete Begleitakkorde	melodische Höhepunkte	mehrere Töne pro Silbe	betonte Wörter
Ein feste Burg ist unser Gott (Martin Luther)					
Meine Zeit (Peter Strauch)					

Erarbeitet von: Dorothee Barth
Text & Melodie: Peter Strauch; © 1981 SCM Hänssler, 71087 Holzgerlingen
Notensatz: Cornelsen/Holger Jeschke

Cornelsen

Rio Reiser: *König von Deutschland*

1 Ordnet die Anspielungen im Liedtext den am Rand genannten Personen zu.

2 Findet heraus, welche Kritik Rio Reiser in seinen Fantasievorstellungen versteckt hat.

1. Jede Nacht um halb eins, wenn das Fernseh'n rauscht,
leg ich mich aufs Bett und mal mir aus,
wie das wäre, wenn ich nicht der wäre, der ich bin,
sondern Kanzler, Kaiser, König oder Königin.
Ich denk mir, was der Kohl da kann, das kann ich auch.
Ich würd' Vivaldi hör'n tagein, tagaus.
Ich käm viel rum, würd' nach USA reisen,
Ronnie mal wie Waldi in die Waden beißen.

Refrain
Das alles und noch viel mehr
würd' ich machen, wenn ich König von Deutschland wär'.
Oh! Das alles und noch viel mehr
würd' ich machen, wenn ich König von Deutschland wär'.

2. Ich würd' die Krone täglich wechseln, würde zweimal baden
und die Lottozahlen eine Woche vorher sagen.
Bei der Bundeswehr gäb' es nur noch Hitparaden,
ich würd' jeden Tag im Jahr Geburtstag haben.
Im Fernseh'n gäb' es nur noch ein Programm:
Robert Lembke vierundzwanzig Stunden lang.
Ich hätte zweihundert Schlösser und wär' nie mehr pleite:
Ich wär' Rio der Erste, Sissi die Zweite.

Refrain

3. Die Socken und die Autos dürften nicht mehr stinken,
ich würd' jeden Morgen erst mal ein Glas Schampus trinken.
Ich wär' schicker als der Schmidt und dicker als der Strauß
und meine Platten kämen ganz groß raus.
Reinhard Mey wäre des Königs Barde,
Paola und Kurt Felix wären Schweizergarde.
Vorher würd' ich gern wissen, ob sie Spaß versteh'n:
Sie müssten achtundvierzig Stunden ihre Show anseh'n.

Refrain

Helmut Kohl (CDU), ehemaliger Bundeskanzler

Elisabeth, Kaiserin von Österreich-Ungarn, genannt „Sissi"

Reinhard Mey, Liedermacher

Schweizergarde, traditionelles Schutzregiment des Papstes im Vatikan

Helmut Schmidt (SPD), ehemaliger Bundeskanzler

Paola und Kurt Felix, Schweizer Moderatoren der TV-Show „Verstehen Sie Spaß?"

Ronald Reagan, ehemaliger US-Präsident

Robert Lembke, Moderator der Fernsehquizsendung „Was bin ich?"

Franz Josef Strauß (CSU), ehemaliger bayrischer Ministerpräsident

Cornelsen

Erarbeitet von: Georg Maas

SATV Group Germany GmbH / Text: Rio Reiser

KV 36

Staaten und ihre Nationalhymnen

1 Schneide die Bild- und Textkarten aus und ordne sie den Ländernamen zu. Schreibe die Reihenfolge der Hörbeispiele dazu und entscheide, zu welchem Anlass die gehörte Aufnahme passen könnte. In der richtigen Reihenfolge der Hörbeispiele gelesen, ergeben die hervorgehobenen Buchstaben ein Lösungswort.

2 Ergänze die einzelnen Länder durch zusätzliche Informationen über landestypische Besonderheiten, Spezialitäten oder Abbildungen von Gebäuden, Musikern usw.

Deutschland	USA	Frankreich	Großbritannien	Russland

Paris	London	Berlin	Washington	Moskau
Michael Jackson	J. S. BacH	M. Mussorgski	C. Debussy	Beatles
Nationalhymne der Russischen Föderation	God Save the KiNg	Deutschlandlied	The Star-Spangled Banner	La Marseillaise
Allons enfants de la patrie	O! SaY can you see by the dawn's early light	Russland, unser geheiligtEr Staat	God save our gracious King	Einigkeit und Recht und Freiheit
Sinfoniekonzert	Staatsempfang	Kammerkonzert	Eröffnung einer Sportveranstaltung	feierliche Parade

Erarbeitet von: Georg Maas

Illustrationen: Cornelsen/Dorina Tessmann

KV 37

Dem Hass keine Chance
Missbrauch von Musik für rechtsextremistische Propaganda

Von politischen Extremisten wird Musik gerne als Mittel genutzt, für eigene Interessen zu werben und Hass gegen Andersdenkende zu schüren. Dies gilt in besonderem Maße für rechtsextreme Gruppen, die durch Pop- und Rockmusik unter Schülerinnen und Schülern ihre menschenverachtenden Ansichten verbreiten wollen (z. B. die identitäre Bewegung). Dies geschieht oft in geschickter Tarnung. Die Musik dient dabei als ansprechende Verpackung, als Köder für den hierzu gesungenen oder gerappten Text. Bei Live-Konzerten werden dann die Fans dieser Musik zusammengebracht und politisch aufgestachelt. Stilistisch findet sich eine breite Palette von Liedermachersongs („Neofolk"), Mainstream-Pop über Hip-Hop bis Metal und Punk. Musikalisch lassen sich keine klaren Grenzen mehr ziehen zwischen „rechter" und „linker" Musik.

1 Welche Erfahrungen habt ihr in Eurer Klasse mit Musik der rechten Szene gemacht? Welche Bezüge seht ihr dabei zu euren Alltagserfahrungen?

2 Erstellt gemeinsam eine Mindmap „rechtsradikale Musik". Ihr könnt die folgenden Schlüsselwörter als Ausgangspunkte für Verzweigungen verwenden:

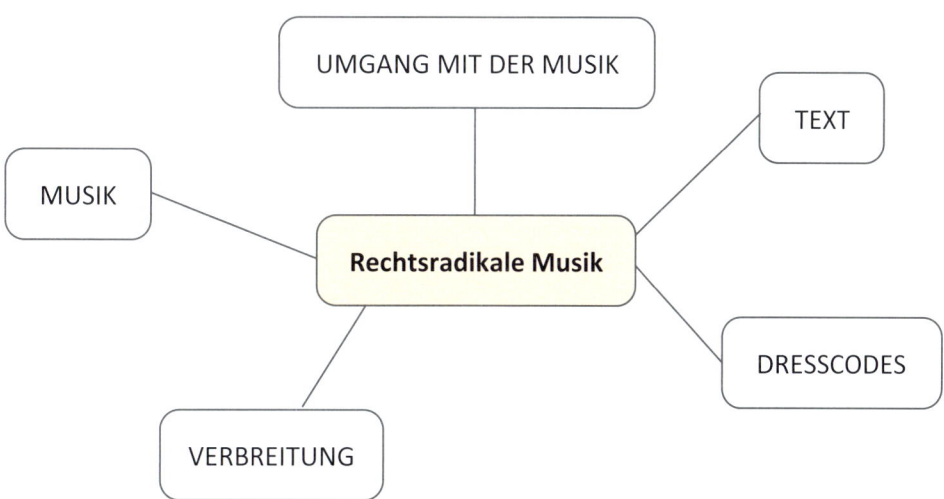

Zwar sind menschenverachtende Tonträger in Deutschland verboten, werden indiziert, jedoch wissen Musiker der rechten Szene, wie sich diese Indizierung umgehen lässt. Die Bundesprüfstelle für jugendgefährdende Medien untersucht auf Antrag, ob ein Ton- oder Bildträger als „jugendgefährdend" einzustufen ist oder gar strafrechtlich relevante Tatbestände vorliegen (z. B. Aufruf zur Gewalt, Antisemitismus, Rassismus). Um eine Indizierung zu vermeiden, werden die politischen „Botschaften" versteckt hinter Andeutungen, Verklausulierungen. Zugleich wird das Zugehörigkeitsgefühl der Zuhörerinnen und Zuhörer angesprochen: Wer die die Anspielungen versteht, hat das Gefühl „Ich gehöre dazu"!

3 Diskutiert in der Klasse, wie man eurer Meinung nach mit rechtsextremistischer Musik umgehen sollte: verbieten, ignorieren? Und was wollt ihr machen, wenn euch die Musik gefällt, der Text aber nicht?

Erarbeitet von: Georg Maas

KV 38

Schlager

Ein Freund, ein guter Freund

1. Sonniger Tag, wonniger Tag!
   Klopfendes Herz und der Motor ein Schlag!
   Lachendes Ziel, lachender Start
   und eine herrliche Fahrt.
   Rom und Madrid nahmen wir mit.
   So ging das Leben im Taumel zu dritt.
   Über das Meer, über das Land
   haben wir eines erkannt:

   Refrain
   Ein Freund, ein guter Freund,
   das ist das Schönste, was es gibt auf der Welt.
   Ein Freund bleibt immer Freund
   und wenn die ganze Welt zusammenfällt.
   Drum sei doch nicht betrübt,
   wenn dein Schatz dich nicht mehr liebt.
   Ein Freund, ein guter Freund,
   das ist das Schönste, was es gibt.

Die Freunde Willy, Hans und Kurt haben mit dem Auto eine ausgedehnte Reise durch Europa unternommen. Auf dem Weg nach Hause stimmen sie das Lied an.

---

1 Wodurch prägt sich die Titelzeile besonders gut ein? Berücksichtigt auch das Intro.

2 Bei welchen Gelegenheiten würdet ihr den Schlager auch heute noch anstimmen? Welche Teile des Textes würde man dafür möglicherweise verändern?

Ein bisschen Frieden

1. _____

   _____

   _____

   _____

   _____

   _____

   _____

_____

_____

Refrain

_____

_____

_____

_____

3 Analysiert den Text.
   a Hört den Text der ersten Strophe und des Refrains heraus und schreibt ihn in die Zeilen.
   b Beschreibt die bildhaften Vergleiche am Anfang.
   c Welche Rolle spielt das lyrische Ich? Beachtet die Verben in der Strophe.
   d Vergleicht den Refrain mit den Aussagen der Strophe.

4 Beschreibt die musikalische Gestaltung (Ablauf, Länge der Formteile/Taktzahlen, Instrumentierung, Atmosphäre).

5 Klärt die Beziehung des Schlagers zu seiner Entstehungszeit und diskutiert, ob euch „ein bisschen Frieden" reicht.

Erarbeitet von: Georg Maas
Text: Robert Gilbert; © 1930 by Ufaton-Verlagsgesellschaft mbH, 2007 assigned to Dreiklang-Dreimasken Bühnen- und Musikverlag GmbH (Universal Music Publishing Group)

KV 39

Wir bauen uns einen Cajón (1/2)

Der Cajón ist ein vielseitig einsetzbares Instrument, das man sich mit etwas Geschick selbst bauen kann.

1. Sägt alle Teile auf die in der Materialliste (2. Blatt) angegebenen Maße zu. In der Skizze unten sind die Außenmaße inkl. der Holzdicke eingetragen.

2. Die Seitenteile auf das Bodenbrett leimen und nageln. Am besten arbeitet ihr hier zu zweit, sodass einer festhalten kann, während der andere nagelt.

3. Den Deckel aufleimen und nageln.

4. Die Rückwand leimen und nageln. Darauf achten, dass sie bündig abschließt.

5. Auf die Rückwand im oberen Drittel mittig das Schallloch mit einem Durchmesser von etwa 100 mm aufzeichnen.

6. Das Loch aussägen oder fräsen.

7. **Achtung bei der Montage der Front!** Hier wird nur im unteren Teil geklebt und genagelt, im oberen Teil müsst ihr die Befestigungslöcher in der Front (= Schlagplatte) etwas größer vorbohren und dann nicht zu fest verschrauben, damit die Platte beim Spielen schwingen kann.

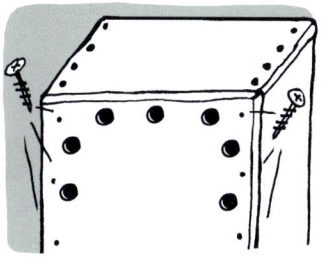

8. Anschließend alle Kanten und Oberflächen gut glätten (feilen und mit Sandpapier schleifen). Nägel und Schrauben dürfen nicht überstehen, da sonst Verletzungsgefahr besteht.

9. Die Bodenleisten anleimen und nageln.

10. Zum Abschluss zwei Schichten Holzlasur auftragen. **Tipp**: Wenn ihr einen ganz besonderen Cajón bauen möchtet, dann bemalt ihn vor dem Lasieren nach euren Vorstellungen.

Erarbeitet von: Linda Rudolf

Illustrationen: Cornelsen/Dorina Tessmann

KV 40

Wir bauen uns einen Cajón (2/2)

Ihr braucht folgendes Material:

- Sperrholz (Stärke 10 mm) in folgenden Abmessungen:
  - 2 Seitenteile 250 mm x 440 mm
  - Rückseite 460 mm x 300 mm
  - Deckel und Boden jeweils 250 mm x 300 mm
- Sperrholz (Stärke 5 mm) für die Front (Spielfläche) in der Größe 460 mm x 300 mm
- 2 Bodenleisten 5 mm x 15 mm jeweils 250 mm lang
- Nägel (ca. 40)
- Spaxschrauben 2,5 x 12 mm mit Linsenkopf (ca. 7)
- Leim
- Holzlasur

Folgende Werkzeuge benötigt ihr:

- Bohrmaschine
- Stichsäge oder Laubsäge
- Hammer
- Schraubendreher oder Akkuschrauber
- Feile, Sandpapier, Oberfräse
- Malutensilien

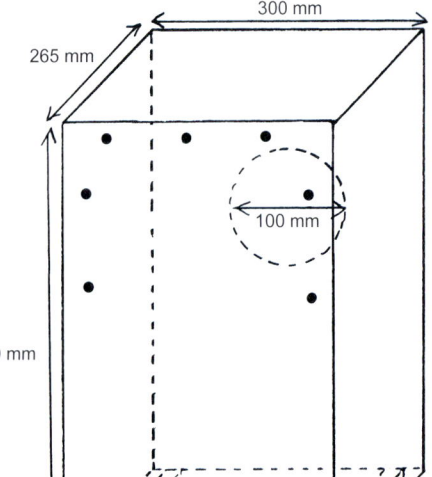

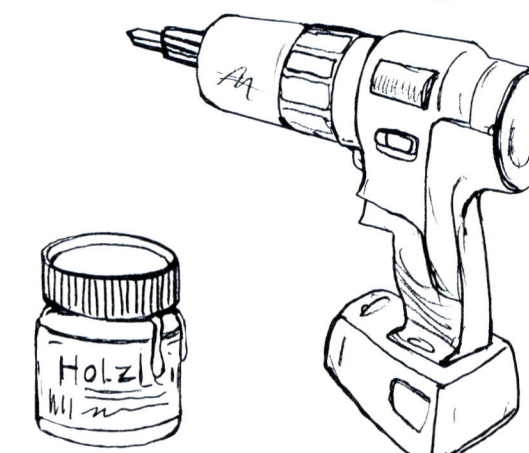

Erarbeitet von: Linda Rudolf
Illustrationen: Cornelsen/Dorina Tessmann

Der neue Spielplan – Welche Interessen sind im Spiel?

Ähnlich wie in vielen Firmen teilen sich auch in einem Theater mehrere Personen die Leitung der Einrichtung. Sie sind dafür verantwortlich, dass der Theaterbetrieb störungsfrei läuft und das angebotene Programm Anklang bei den Besuchern findet. Jeder von ihnen vertritt andere Interessen, deren Beachtung einen erfolgreichen Theaterbetrieb erst möglich macht.

1 **a** Schneidet die Textkarten aus und ordnet sie den Personen am Theater zu.
   b Notiert in Stichworten, welche Interessen die jeweilige Person bei der Werkauswahl vertritt.

2 Entwickelt eine kleine Szene und simuliert eine Gesprächsrunde aller Beteiligten.

Intendant Interessen: _____ _____	verantwortlicher Geschäftsführer und künstlerischer Leiter eines Opernhauses
Aufgaben: Umsetzung der Ziele des Trägers (Stadt, Land) zu einer künstlerischen Gesamtkonzeption für Theater und Publikum mit den zur Verfügung stehenden Mitteln (Grundfinanzierung des Theaterträgers, Zuschüsse des Landes, erzielte Einnahmen aus dem Kartenverkauf)	Aufgaben: als Verwaltungsdirektor zuständig für juristische und finanzielle Belange des Theaters; strukturiert und überwacht den Finanzhaushalt, verhandelt über Gagen, achtet auf die Einhaltung der Arbeits- und Tarifverträge, entscheidet über größere Anschaffungen, kontrolliert die Buchführung und bearbeitet alle rechtlichen Fragestellungen;
Generalmusikdirektor Interessen: _____ _____	**Chefregisseur** Interessen: _____ _____
ranghöchster Dirigent eines Theaters	hat in Zweifelsfällen das „letzte Wort"
trägt die Verantwortung für alle am Theater Beteiligten (künstlerische und technische Mitarbeiter, Theaterträger, Publikum, künstlerischer Anspruch)	Aufgaben: Inszenierung von Bühnenwerken; Entwicklung eines Konzepts auf der Grundlage des geplanten Werks; Umsetzung des Konzepts in den Proben;
Während Regisseure meist freiberuflich arbeiten und für einzelne Inszenierungen engagiert werden, ist er am Haus fest angestellt. Dort betreut er nicht nur selbst Inszenierungen, sondern entscheidet auch, welcher Regisseur für welches Werk geeignet ist und engagiert werden soll.	Aufgaben: künstlerischer Leiter des Orchesters; dirigiert die Hauptwerke eines Spielplans in den wichtigen Vorstellungen; Einstudierung mit dem Orchester; sein Orchester und die am Haus fest angestellten Sänger sowie den Theaterchor kennt er bestens und weiß, welche Werke für seine Musiker und Sänger „machbar" sind und bei welchen Werken Verstärkung engagiert werden muss.
Geschäftsführender Direktor Interessen: _____ _____	weiß, dass die Aufführung eines populären Musicals teurer ist als die einer Barockoper (Verlage verlangen mehr Geld für die Noten, die zu zahlenden GEMA-Gebühren für jede Aufführung sind teurer)

> Die GEMA (Gesellschaft für musikalische Aufführungs- und mechanische Vervielfältigungsrechte) sorgt z. B. dafür, dass Komponisten Geld erhalten, wenn ihre Musik aufgeführt oder im Radio gespielt wird.

Eine Inszenierung entsteht ... als Teamwork!

Auf den → Seiten 98, 99 im Schülerbuch werden viele Berufe angesprochen, die an der Inszenierung der *West Side Story* beteiligt sind.

1 Notiert die genannten Berufe.

_____

_____

_____

_____

_____

2 Ordnet die Berufe in die Spalten der Tabelle ein. Bezieht auch den Intendanten und den geschäfts-führenden Direktor mit ein. Welche weiteren Berufe fallen euch ein?

künstlerische Berufe	Verwaltungs- und Büroberufe	technische Berufe	handwerkliche Berufe	Service und Dienstleistung

Cornelsen

Erarbeitet von: Linda Rudolf

KV 43

Berufe im Musiktheater

1 Verteilt die Berufe auf die ganze Klasse und holt Informationen über die jeweiligen Aufgaben und Ausbildungswege ein. Stellt euch die Berufe gegenseitig vor und ergänzt die Übersicht.

Beruf	Aufgaben	Ausbildung
Orchestermusiker		
Regisseur		
Geschäfts- führender Direktor		
Dirigent		
Kostümbildner		
Inspizient		
Bühnenbildner		
Korrepetitor		
Beleuchtungs- meister		

Cornelsen   Erarbeitet von: Georg Maas, Andreas Richter

Samiel – Kostüm und Maske

So könnte die Regieanweisung an den Schauspieler lauten, der im *Freischütz* den Samiel spielt:
„Samiel, du bist der Teufel, manche nennen dich auch ‚schwarzer Jäger‘. Du schließt gern mit Menschen Verträge ab: Sie bekommen von dir Freikugeln und du erhältst dafür ihre Seele. Mit den Freikugeln verhält es sich so: Die ersten sechs Kugeln treffen immer ihr Ziel, die siebte Kugel aber wird von dir gelenkt. Der einzige Mensch, der dir ein wenig in die Quere kommen könnte, ist der Eremit. Als Nächstes musst du dich mit Kaspar in Verbindung setzen. Entweder er bringt dir bald ein neues Opfer oder er muss selbst sterben.“

1 Sucht aus Zeitschriften, Programmheften oder anderen Quellen passende Bilder und entwerft damit ein Konzept, wie Samiel auf der Bühne aussehen soll.

2 Seid Kostüm- und Maskenbildner.
  a Zeichnet zuerst Skizzen von den Kostümen und Masken
  b Bringt Stoffreste und Kleidungsstücke mit und entwerft ein bühnentaugliches Kostüm für Samiel.
  c Betätigt euch als Maskenbildner und gestaltet das Gesicht eines Mitschülers für die Rolle des Samiels. Kleidet den Mitschüler mit eurem Kostüm ein.
  d Fotografiert euren Samiel und klebt das Bild ein.

3 Wählt andere Figuren aus „Der Freischütz“ und entwerft weitere Kostüme und Masken.

Cornelsen   Erarbeitet von: Susan Störel

Kugelgießen in der Wolfsschlucht

1 Verfolgt den Inhalt beim Hören der Musik mit.

2 Ordnet die musikalischen Merkmale den Abschnitten zu. Schreibt sie in die rechte Spalte.

- kraftvolle Auf- und Abbewegung der tiefen Streicher
- laute Legatotöne der Posaune

- signalartiges Staccato der Blechbläser
- Männerchor

- langer Akkord, Staccato
- Turmuhr schlägt eins, lang ausgehaltener Schlussakkord

- wellenförmige Auf- und Abbewegung
- alle Streicher

- absteigende Geigenbewegung
- Staccato der Holzbläser

- Trabrhythmus ist in den Streichern zu erkennen
- Streicher und Bläser wechseln

- kraftvolle Auf- und Abbewegung des ganzen Orchesters, Staccato
- laut, hektisch

Inhalt	musikalische Merkmale
(1) Waldvögel setzen sich ums Feuer und flattern mit den Flügeln.	
(2) Ein schwarzer Eber jagt wild vorüber.	
(3) Ein Sturm erhebt sich, beugt und bricht die Wipfel der Bäume.	
(4) Man hört Rasseln, Peitschengeknall und Pferdegetrappel.	
(5) Hundegebell und Wiehern: die wilde Jagd.	
(6) Zwei furchtbare Gewitter tosen immer stärker mit Blitz und Donner.	
(7) Das Kugelgießen ist auf dem unheimlichen Höhepunkt angelangt. Im Feuerschein erscheint Samiel und streckt die Hand nach Max aus. Das Unwetter lässt nach.	

Cornelsen Erarbeitet von: Constanze Klinkicht

KV 46

William Shakespeare: „Romeo und Julia"

1 Lest die Szene mit verteilten Rollen. Beachtet die dichterische Gestaltung des Textes.

2 Vergleicht das Ende des Dramas mit eurem Höreindruck vom Ende der Ballettmusik von Prokofjew.

Schlussszene

PRINZ
Wo sind sie, diese Feinde? – Capulet! Montague!
Seht, welch ein Fluch auf eurem Hasse ruht,
Dass eure Freuden Liebe töten muss!
Auch ich, weil ich dem Zwiespalt nachgesehn,
Verlor ein paar Verwandte: Alle büßen.

CAPULET
O Bruder Montague, gib mir die Hand:
Das ist das Leibgedinge meiner Tochter,
Denn mehr kann ich nicht fordern.

MONTAGUE
Aber ich
vermag dir mehr zu geben; denn ich will
Aus klarem Gold ihr Bildnis fert'gen lassen.
Solang Verona seinen Namen trägt,
Komm' nie ein Bild an Wert dem Bilde nah
Der treuen, liebevollen Julia.

CAPULET
So reich will ich es Romeo bereiten:
Die armen Opfer unsrer Zwistigkeiten!

PRINZ
Nur düstern Frieden bringt uns dieser Morgen;
Die Sonne scheint, verhüllt von Weh, zu weilen.
Kommt, offenbart mir ferner, was verborgen:
Ich will dann strafen oder Gnad' erteilen;
Denn niemals gab es so herbes Los
Als Juliens und ihres Romeos.

Erarbeitet von Kaspar Mainz
Text aus: William Shakespeare's dramatische Werke; Übersetzung von August Wilhelm v. Schlegel und
Ludwig Tieck. Im Auftrag der Deutschen Shakespeare-Gesellschaft hrsg. von Wilhelm Oechelhäuser,
3. Aufl., Deutsche Verlags-Anstalt, Stuttgart, Leipzig, Berlin, Wien 1891

KV 47

West Side Story – Musikalische Beobachtungen

1 Bestimme die beiden Intervalle des „Hass-Motivs" und das hieraus gebildete Rahmenintervall.

„Hass-Motiv"

Intervalle: _____ + _____ = _____

2 Welche Geräusche umrahmen den Prolog und welche Personen kündigen sie an?

Prolog

Anfang: _____   Ende: _____

3 Bestimme die beiden Intervalle des „Maria-Motivs" und das hieraus gebildete Rahmenintervall.

Maria

Intervalle: _____ + _____ = _____

Die West Side liegt auf der westlichen Seite der Halbinsel Manhattan, dem Zentrum von New York.

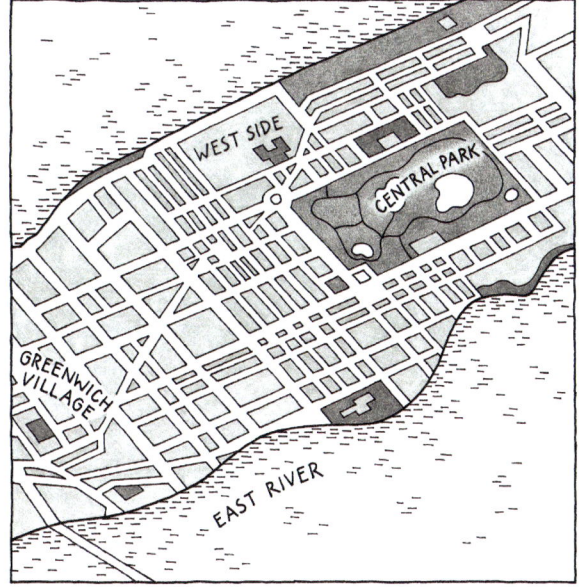

Cornelsen
Erarbeitet von: Georg Maas
Notensatz: Cornelsen/Holger Jeschke; Musik: Leonard Bernstein
Illustration: Cornelsen/Hans Wunderlich

KV 48

West Side Story – Die Personen und ihre Beziehungen

Herkunftsland der Jugendlichen

✈ Name der Gang

Anführer

Action, A-Rab, Baby-John, Snowboy, Big Deal, Diesel, Gee-Tar, Mouthpiece, Tiger
weitere Gangmitglieder

ehemaliger Anführer und bester Freund von Riff

Bernardos Freundin

Name der Gang

Anführer

Bernardos bester Freund

Pepe, Indio, Luis, Juano und andere
weitere Gangmitglieder

Bernardos Schwester

1 Verschafft euch einen Überblick über die Hauptpersonen der West Side Story.
   a Fügt die fehlenden Namen in die Kästen ein.
   b Wählt für jede der beiden Gangs (✈, 🐟) eine Farbe und umrandet jeweils die Begriffe und Namen, die zu den Gruppen gehören.
   c Verbindet die Namenfelder so, dass die Beziehungen zwischen den Personen deutlich werden. Benutzt dazu weitere Symbole oder Stichwörter.

2 Ergänzt die Übersicht, wenn ihr mehr über den Handlungsverlauf erfahren habt.

Erarbeitet von: Susan Störel

West Side Story – A Boy Like That – Übersetzung

Ein Junge wie dieser

ANITA

Ein Junge wie dieser, der deinen Bruder tötete,
vergiss diesen Jungen und such dir einen anderen,
einen von deiner eigenen Art!
Bleib bei deiner eigenen Art!

Ein Junge wie dieser wird dir nur Kummer bringen,
Du wirst schon morgen einen anderen treffen!
Einen von deiner eigenen Art!
Bleib bei deiner eigenen Art!

Ein Junge, der tötet, kann nicht lieben,
ein Junge, der tötet, hat kein Herz.
Und er ist der Junge, der deine Liebe erhält
und dein Herz erhält,
sehr intelligent, Maria, sehr intelligent!

Ein Junge wie dieser will nur eine Sache,
und wenn er damit fertig ist, wird er dich verlassen.
Er wird deine Liebe töten, er tötete meine.
Warte nur und du wirst schon sehn, warte nur, Maria,
warte nur und du wirst schon sehn!

MARIA

Oh nein, Anita, nein, Anita, nein!
Das ist nicht wahr, nicht für mich,
es ist wahr für dich, aber nicht für mich.
Ich höre deine Worte und in meinem Kopf weiß ich,
dass sie vernünftig sind.
Aber mein Herz, Anita, aber mein Herz weiß,
dass sie falsch sind.
Du solltest es besser wissen.
Du warst verliebt oder hast es zumindest gesagt.
Du solltest es besser wissen.

Ich habe eine Liebe und das ist alles, was ich habe.
Richtig oder falsch, was sonst kann ich tun?
Ich liebe ihn; ich bin sein,
und alles, was er ist, bin auch ich.
Ich habe eine Liebe und die ist alles, was ich brauche,
richtig oder falsch, und er braucht mich auch.

Ich liebe ihn, wir sind eins,
daran kann man nichts ändern.
Nichts Anderes könnte ich tun als ihn festzuhalten,
ihn zu halten für immer, mit ihm zusammen sein jetzt,
morgen und mein ganzes Leben!

ANITA und MARIA
Wenn Liebe so stark ist,
gibt es kein Richtig oder Falsch,
deine Liebe ist dein Leben!

Anita und Maria

Text: Original: Stephen Sondheim, nicht singbare Übersetzung: Susan Störel; Abdruck mit freundlicher Genehmigung von Boosey & Hawkes.Bote & Bock, Berlin Universal Music Publishing GmbH, Berlin Chappell Musikverlag GmbH, Hamburg; Foto: © Freese/drama-berlin.de

KV 50

West Side Story – Romeo und Julia im Vergleich

Sowohl das Ballett *Romeo und Julia* von Sergej Prokofjew als auch das Musical *West Side Story* von Leonard Bernstein basieren auf der Tragödie von William Shakespeare. Deshalb weisen beide Werke Gemeinsamkeiten auf. Es gibt aber auch Unterschiede.

1 Trage in der linken Spalte die entsprechenden Personen der „West Side Story" ein.

Die Personen

West Side Story	Romeo und Julia
	Romeo
	Julia
	Montagues
	Capulets
	Tybalt
	Mercutio

2 Ergänze die Tabelle.

Die Handlung

	West Side Story	Romeo und Julia
Zeit der Handlung		
Ort der Handlung		
Art des Werkes		
Komponist		
Die Handlung wird erzählt durch …		
verfeindete Gruppen		
Liebespaar		
das tragische Ende		

3 Erinnere dich an die Musik beider Werke und ergänze die Sätze.

Bei Prokofjews Ballettmusik hat mir am besten gefallen _____

_____ .

Die musikalisch eindrucksvollste Stelle in der West Side Story war für mich _____

_____ .

Erarbeitet von: Susan Störel

Antonio Vivaldi: *Der Winter*, 1. Satz

Erklärendes Sonett zu dem Concerto mit dem Titel „Der Winter" von Herrn Don Antonio Vivaldi

[1. Satz: Allegro non molto]

Erstarrt zittern bei schimmerndem Schnee
Zum erbarmungslosen, schrecklichen Wind,
Ununterbrochen mit den Füßen stampfend laufen
Und vor Übermaß an Kälte mit den Zähnen klappern.

[2. Satz: Largo]

Am Feuer ruhige und zufriedene Tage zubringen
Während draußen der Regen Hunderte durchnässt.

[3. Satz: Allegro]

Gehen über Eis und mit langsamem Schritt.
Aus Furcht vorm Fallen behutsam laufen;
Kräftig gehen, ausrutschen, zu Boden fallen.
Von neuem über das Eis laufen und kräftig laufen,
bis das Eis bricht und sich öffnet;
Bei geschlossenen Türen herauskommen, spüren
Schirokko, Boreas und alle wütenden Winde.
So ist der Winter! Jedoch – welche Freude bringt er!

Der Winter (Anfang 1. Satz)

1. Entschlüsselt Vivaldis Kompositionsidee.
   a Bestimmt für jede Stimme, welchen Ton sie spielt, und schreibt den entsprechenden Buchstaben hinter die Zeile. Beachtet: Es gibt G-, F- und C-Schlüssel.
   b Schreibt in das leere Notensystem die gleichzeitig erklingenden Töne jeweils als Ganze Noten übereinander. Im ersten Takt steht demnach nur eine Note, im zweiten Takt stehen zwei Noten usw. Vorgezeichnet ist ein Violinschlüssel (G-Schlüssel). Wählt für die Noten eine beliebige Lage. Es spielt also keine Rolle, in welcher Tonlage die Töne in der Partitur notiert sind.
   c Beschreibt den Zusammenklang, der sich im vierten Takt ergibt.

2. Welche Bedeutung könnte die Bezifferung im zweiten Takt der Bassstimme haben? Vergleicht mit dem Akkord des vierten Taktes.

Cornelsen

Erarbeitet von: Georg Maas
Notensatz: Cornelsen/Holger Jeschke; Übersetzter Text: nach Werner Braun:
Antonio Vivaldi Concerti grossi, op. 8, Nr. 1–4, Die Jahreszeiten © 1975 Wilhelm Fink, München

KV 52

Edvard Grieg: *In der Halle des Bergkönigs*

1 Ergänze beim Hören die Tabelle.

Abschnitt	Instrumente (Thema)	musikalische Auffälligkeiten
A (blau) (blau)	Violoncello, Bass, Fagott	sehr tief, sehr leise, sehr langsam, gezupft (pizzicato), einzelne Töne stark betont
A' (hellblau)		
A (blau)		
B (grün)		
B' (hellgrün)		
B (grün)		
C (rot)		
C' (hellrot)		
C (rot)		
Coda (gelb)		

2 Vervollständige den Text und trage in die eingeklammerten Abschnitte die passenden Fachbegriffe ein.

Möglichkeiten zur Gestaltung von musikalischen Steigerungen

Musik kann l_____ werden (_____) und sch_____

werden (_____). Es ist auch möglich, Steigerungen durch Musizieren in

h_____ Tonlagen zu erreichen. Hierfür müssen bei der In_____

eines Werkes Musikinstrumente einbezogen werden, auf denen _____ Töne gespielt

werden können.

Erarbeitet von: Dorothee Barth
Foto: mauritius images/Memento

KV 53

Edvard Grieg: *Aases Tod*

1 Untersuche den Aufbau der Melodie.

  a Beziffere die Takte: Zähle sie durch und schreibe über jeden fünften Takt die entsprechende Zahl.

  b Teile die Melodie in sinnvolle Abschnitte ein. Ein kleiner Tipp: Jeder Abschnitt endet mit einem Pausenzeichen, aber nicht jedes Pausenzeichen bedeutet das Ende eines Abschnitts.

2 Trage die Untersuchungsergebnisse in der Tabelle zusammen.

Abschnitt	Takte	Themengestaltung / Melodieverlauf	Dynamikangaben
	17–		
			p / pp
		2. Thema tiefer	
	–36		

3 Ergänze die italienischen Lautstärkebezeichnungen.

Dynamik-Angaben

pp _____ sehr leise   *mf* _____ mittellaut

p _____ leise   *f* _____ laut

mp _____ mittelleise   *ff* _____ sehr laut

Cornelsen Erarbeitet von: Dorothee Barth
Notensatz: Cornelsen/Holger Jeschke

KV 54

Camille Saint-Saëns: *Danse Macabre*

Das Gedicht von Henri Cazalis, wie Camille Saint-Saëns es seiner sinfonischen Dichtung vorangestellt hat …

… und seine sinngemäße Übersetzung.

Zig et Zig et Zig, la Mort en cadence
Frappant une tombe avec son talon,
La Mort à minuit joue un air de danse,
Zig et Zig et Zag, sur son violon.

Zick und zick und zick, klopft der Tod im Takt
mit seiner Ferse auf einen Grabstein.
Um Mitternacht spielt der Tod eine Tanzweise,
Zick und zick und zack auf seiner Geige.

Le vent d'hiver souffle, et la nuit est sombre;
Des gémissements sortent des tilleuls;
Les squelettes blancs vont à travers l'ombre,
Courant et sautant sous leurs grands linceuls.

Der Winterwind bläst, und die Nacht ist finster;
es ächzt aus den Lindenbäumen;
Weiße Skelette durchkreuzen den Schatten,
laufen und springen in großen Leichentüchern.

Zig et Zig et Zig, chacun se trémousse,
On entend claquer les os des danseurs.
(…)
Mais psit! tout à coup on quitte la ronde,
On se pousse, on fuit, le coq a chanté.
(…)

Zick und zick und zick, jeder wiegt sich in den Hüften,
man hört die Knochen der Tanzenden klappern.
(…)
Doch still! Plötzlich endet der Reigen,
Man stößt sich, man flieht, der Hahn hat gekräht.
(…)

Danse Macabre, Henri Cazalis

1 Macht euch mit dem Gedicht vertraut.

   a Welche Hinweise enthält das Gedicht auf Ort und Zeit der Handlung?

   Ort: _____   Zeit: _____

   b Unterstreicht Substantive, die sich auf Musik und Tanz beziehen.

   c Unterstreicht Verben, die sich auf Hörbares beziehen.

2 Der Komponist verteilt regelrecht Rollen an die Instrumente des Orchesters. Ergänzt die Instrumente, die die jeweiligen Handlungselemente darstellen.

   a Die Kirchturmuhr schlägt 12-mal. _____

   b Mit einem „teuflischen" Intervall spielt der Tod zum Tanz auf. _____

   c Der Tod klopft den Takt. _____

   d Die Knochen der Skelette klappern.

   _____

   e Der Hahn kräht. _____

3 Der Komponist zitierte sich später selbst: Im *Karneval der Tiere* hat Saint-Saëns bei den „Fossilien" ein kurzes Zitat aus seinem „Danse macabre" versteckt. Wer entdeckt es? Findet ihr eine Erklärung für diese Anspielung?

Xylo-
fon

Erarbeitet von: Georg Maas
Notensatz: Cornelsen/Evelyn Fiebiger, Kontrapunkt Bautzen; Musik: Camille Saint-Saëns

KV 55

Modest Mussorgski: *Eine Nacht auf dem kahlen Berge*

1 Orientiere dich an den Notenbeispielen und verfolge das musikalische Treiben auf dem kahlen Berge. Beschreibe musikalische Auffälligkeiten und welche Handlung du dir dazu vorstellst.

In den ersten 164 Takten erklingen verschiedene charakteristische Motive.

Motiv zu *I* und *III* (Pikkolo, Flöte, Oboe, Klarinette)

Motiv zu *II* und *IV* (Fagott, Trompeten, Tuba, Cello, Kontrabass)

Motiv zu *V* (Oboe, Klarinette, Horn, Trompete)

Motiv zu *VI* (Pikkolo, Flöte, Klarinette, Violine 1)

Abschnitt Takte	Was passiert in der Musik?	Welche konkreten Ereignisse könnte die Musik auf dem Berg beim Hexensabbat schildern?
I: T. 1–11 und III: T. 36–46		
II: T. 12–35 und IV: T. 47–66		
V: T. 67–120		
VI: T. 121–164		

Cornelsen

Erarbeitet von: Dorothee Barth
Notensatz: Cornelsen/Holger Jeschke

KV 56

Edgar Allan Poe: *Der Untergang des Hauses Usher* (1/2)

Ich war den ganzen Tag lang geritten, einen grauen und lautlosen melancholischen Herbsttag lang – durch eine eigentümlich öde und traurige Gegend, auf die erdrückend schwer die Wolken herabhingen. Da endlich, als die Schatten des Abends herniedersanken, sah ich das Stammschloss der Usher vor mir. Ich weiß nicht, wie es kam – aber ich wurde gleich beim ersten Anblick dieser Mauern von einem unerträglich trüben Gefühl befallen. [...] Ich betrachtete das Bild vor mir – das einsame Gebäude in seiner einförmigen Umgebung, die kahlen Mauern, die toten, wie leere Augenhöhlen starrenden Fenster, die paar Büschel dürrer Binsen, die weiß schimmernden Stümpfe abgestorbener Bäume – mit einer Niedergeschlagenheit, die ich mit keinem anderen Gefühl besser vergleichen kann als mit dem trostlosen Erwachen eines Opiumessers aus seinem Rausche. [...] Was mochte es sein – dachte ich, langsamer reitend – ja, was mochte es sein, dass der Anblick des Hauses Usher mich so erschreckend überwältigte? Es war mir ein Rätsel; aber ich konnte mich der grauen Wahngespenster nicht erwehren, ich musste mich mit der wenig befriedigenden Erklärung begnügen, dass es tatsächlich in der Natur ganz einfache Dinge gibt, die durch die Umstände, in denen sie uns erscheinen, geradezu niederdrückend auf uns wirken können, dass es aber nicht in unsere Macht gegeben ist, eine Definition dieser Gewalt zu finden. [...] Ich prüfte eingehender das wirkliche Aussehen des Gebäudes. Das Auffallendste an ihm schien mir sein beträchtliches Alter zu sein. [...] Doch von irgendwelchem außergewöhnlichen Verfall war das Gebäude noch weit entfernt. [...] Vielleicht hätte allerdings ein scharf prüfender Blick einen kaum wahrnehmbaren Riss entdecken können, der an der Frontseite des Hauses vom Dach im Zickzack die Mauer hinunterlief, bis er sich in den trüben Wassern des Teiches verlor. Diese Dinge bemerkte ich, während ich über einen kurzen Dammweg zum Hause hinaufritt. Ein wartender Diener nahm mein Pferd, und ich trat unter den gotisch gewölbten Torbogen der Halle. [...]

Bei meinem Eintritt erhob sich Usher von einem Sofa, auf dem er lang ausgestreckt gelegen hatte, und begrüßte mich mit warmer Lebhaftigkeit, die mir zuerst übertrieben schien – etwa als gezwungene Liebenswürdigkeit des blasierten Weltmannes. Ein Blick jedoch auf sein Gesicht überzeugte mich von seiner völligen Aufrichtigkeit. Wir setzten uns, und da er nicht gleich sprach, betrachtete ich ihn minutenlang – und wurde von Mitleid und Grauen ergriffen. Sicherlich, kein Mensch hatte sich je in so kurzer Zeit so schrecklich verändert wie Roderick Usher! Nur mit Mühe gelang es mir, die Identität dieser gespenstischen Gestalt da vor mir mit dem Gefährten meiner Kindheit festzustellen. [...] Ich sah, dass er der Furcht, dem Schreck, dem Grauen sklavisch unterworfen war. „Ich werde zugrunde gehen", sagte er, „ich muss zugrunde gehen an dieser beklagenswerten Narrheit. So, so und nicht anders wird mich der Untergang ereilen! [...] In diesem bedauernswerten Zustand fühle ich, dass früher oder später die Zeit kommen wird, da ich beides, Vernunft und Leben, hingeben muss – verlieren im Kampf mit dem grässlichen Phantom: Furcht" [...]

Jedoch gab er zögernd zu, dass die seltsame Schwermut, unter der er leide, einer natürlichen, gewissermaßen handgreiflicheren Ursache zugeschrieben werden könne – nämlich der schweren und langwierigen Krankheit – ja der offenbar nahen Auflösung – seiner zärtlich geliebten Schwester – der einzigen Gefährtin langer Jahre – der letzten Verwandten auf Erden. [...] Während er sprach, durchschritt Lady Madeline – so hieß seine Schwester – langsam den entfernten Teil des Gemachs und verschwand, ohne meine Anwesenheit beachtet zu haben. Ich betrachtete sie mit maßlosem Erstaunen, das nicht frei war von Entsetzen. [...]

Wir malten und lasen zusammen oder ich lauschte wie im Traum seinen seltsamen Improvisationen auf der Gitarre. [...] Ich habe vorhin schon von der krankhaften Überreizung der Gehörnerven gesprochen, die dem Leidenden alle Musik unerträglich machte, ausgenommen die Klangwirkung gewisser Saiteninstrumente.

Text: Edgar Allan Poe: Der Untergang des Hauses Usher, in: Der Doppelmord in der Rue Morgue, und andere Verbrechergeschichten, Deutsch von Gisela Etzel © Ullstein Buchverlage GmbH, Berlin 1946

Edgar Allan Poe: *Der Untergang des Hauses Usher* (2/2)

Vielleicht war es hauptsächlich diese Einschränkung, durch die er auf die Gitarre angewiesen war, die seinen Vorträgen solch fantastischen Charakter lieh. [...]

Eines Abends teilte mir Usher mit, dass Lady Madeline nicht mehr sei, und äußerte seine Absicht, den Leichnam vor seiner endgültigen Beerdigung in einer der zahlreichen Grüfte innerhalb der Grundmauern aufzubahren. [...] Auf Bitten Ushers half ich ihm bei den Vorkehrungen für die vorläufige Bestattung. [...]

Ich fühlte, wie sich ganz allmählich, doch unablässig, seine seltsamen Wahnvorstellungen, die er mir niemals mitteilte, in mich hineinfraßen.

Es war besonders in der Nacht des siebenten oder achten Tages nach der Bestattung der Lady Madeline in der Gruft, als ich mich sehr spät zum Schlafen zurückgezogen hatte, dass ich die volle Gewalt dieser Empfindungen erfuhr. [...] Überwältigt von unbeschreiblichem Entsetzen, das mir ebenso unerträglich wie unerklärlich schien, warf ich mich hastig in die Kleider. [...] Einen Augenblick später klopfte Usher leise an meine Tür und trat mit einer Lampe in der Hand ein. Sein Gesicht war wie immer leichenhaft blass – aber schrecklicher war der Ausdruck seiner Augen: wie eine irrsinnige Heiterkeit flammte es aus ihnen – sein ganzes Gebaren zeigte eine mühsam gebändigte hysterische Aufregung. [...] Es war wirklich eine sturmrasende, aber doch sehr schöne Nacht –, eine Nacht, die grausig seltsam war in Schrecken und in Pracht.

[...] „Ich will vorlesen und du sollst zuhören, und so wollen wir diese fürchterliche Nacht zusammen verbringen." Der alte Band, den ich zur Hand genommen hatte, war der „Mad Trist" von Sir Launcelot Canning. [...] Ich fuhr in der Erzählung fort: [...] „Und nun, da der Held der schrecklichen Wut des Drachen entronnen war und sich des stählernen Schildes erinnerte, dessen Zauber nun gebrochen, räumte er den Kadaver beiseite und schritt über das silberne Pflaster kühn hin zu dem Schild an der Wand. Der aber wartete nicht, bis er herangekommen war, sondern stürzte zu seinen Füßen auf den Silberboden nieder, mit gewaltig schmetterndem, furchtbar dröhnendem Getöse."

Usher sprang wie rasend auf und kreischte, als wolle er mit seinen Worten seine Seele hinausbrüllen – „Wahnsinniger! Ich sage dir, dass sie jetzt draußen vor der Türe steht!"

Als läge in der übermenschlichen Kraft dieses Ausrufes die Macht eines Zaubers – so rissen jetzt die riesigen alten Türflügel, auf die der Sprecher hinzeigte, ihre gewaltigen ebenholzenen Kinnladen auf. Es war das Werk des rasenden Sturmes – aber siehe – draußen vor der Türe stand leibhaftig die hohe, ins Leichentuch gehüllte Gestalt der Lady Madeline Usher. Für einen Augenblick blieb sie zitternd und taumelnd auf der Schwelle stehen – dann fiel sie mit einem leisen schmerzlichen Aufschrei ins Zimmer auf den Körper ihres Bruders – und in ihrem heftigen und nun endgültigen Todeskampf riss sie ihn tot zu Boden – ein Opfer der Schrecken, die er voraus empfunden hatte.

Wie verfolgt entfloh ich aus diesem Gemach und diesem Hause. Draußen tobte das Unwetter in unverminderter Heftigkeit, als ich den alten Teichdamm kreuzte. Plötzlich schoss ein unheimliches Licht quer über den Pfad, und ich blickte zurück, um zu sehen, woher ein so ungewöhnlicher Glanz kommen könne, denn hinter mir lagen allein das weite Schloss und seine Schatten. Der Strahl war Mondglanz, und der volle untergehende, blutrote Mond schien jetzt hell durch den einst kaum wahrnehmbaren Riss, von dem ich bereits früher sagte, dass er vom Dach des Hauses im Zickzack bis zum Erdboden lief. Während ich hinstarrte, erweiterte sich dieser Riss mit unheimlicher Schnelligkeit; ein wütender Stoß des Wirbelsturms kam; das volle Rund des Satelliten wurde in dem breit aufgerissenen Spalt sichtbar; mein Geist wankte, als ich jetzt die gewaltigen Mauern auseinanderbersten sah; es folgte ein langes tosendes Krachen wie das Getöse von tausend Wasserfällen, und der tiefe und schwarze Teich zu meinen Füßen schloss sich finster und schweigend über den Trümmern des Hauses Usher.

Edgar Allan Poe: *Der Untergang des Hauses Usher*
Die Handlung im Überblick

1 Ordnet die Textstellen in der Reihenfolge, wie sie der Handlung entspricht. Die zugehörigen großen Buchstaben ergeben ein Lösungswort.

R Der volle untergehende, blutrote Mond schien jetzt hell durch den einst kaum wahrnehmbaren Riss, der vom Dach des Hauses im Zickzack bis zum Erdboden lief. Während ich hinstarrte, erweiterte sich dieser Riss mit unheimlicher Schnelligkeit; mein Geist wankte, als ich jetzt die gewaltigen Mauern auseinanderbersten sah; es folgte ein langes, tosendes Krachen wie das Getöse von tausend Wasserfällen, und der tiefe und schwarze Teich zu meinen Füßen schloss sich finster und schweigend über den Trümmern des Hauses Usher.

E Ich lauschte wie im Traum seinen seltsamen Improvisationen auf der Gitarre.

S Ein wartender Diener nahm mein Pferd, und ich trat unter den gotisch gewölbten Torbogen der Halle.

U Da endlich, als die Schatten des Abends herniedersanken, sah ich das Stammschloss der Usher vor mir.

H Ich sah, dass er der Furcht, dem Schreck, dem Grauen sklavisch unterworfen war. „Ich werde zugrunde gehen", sagte er.

Lösungswort: ☐ ☐ ☐ ☐ ☐

Claude Debussy: *La chute de la Maison Usher, Prélude*

1. Ergänzt die Partitur, indem ihr die angesprochenen Instrumentennamen vor die entsprechenden Notenzeilen schreibt. Rahmt die musikalischen Ereignisse in unterschiedlichen Farben ein.

   a Ein Becken wird mit weichen Paukenschlägeln leise angeschlagen, während die Bratschen ein leises Tremolo (ital. Zittern: schnelle Bogenbewegungen) auf dem Steg spielen.

   b Ein Englischhorn spielt eine Melodie, bei der man beim Hören weder das Metrum noch die Tonart erkennen kann.

   c Eine Klarinette, drei Hörner und vier Gruppen von Celli spielen vier Akkorde.

2. Markiert die folgenden Stellen in der Partitur.

   a Wo finden sich C-Schlüssel? Achtet auf die Unterschiede.

   b Welches ist die lauteste Stelle, wenn man von der Dynamikangabe ausgeht?

   c Welche Besonderheit weist die Triole auf?

   d Bei welcher Stimme kann auf den Schlüssel verzichtet werden?

   e Welche Instrumente sind transponiert notiert und haben andere Vorzeichen als Bratschen und Celli?

Cornelsen

Erarbeitet von: Georg Maas
Notensatz: Cornelsen/Holger Jeschke

KV 60

Vertonung von vier Episoden zu *Der Untergang des Hauses Usher*

1 **a** Bildet vier Gruppen und lost die Episoden so aus, dass jede Gruppe nur ihre eigene Gestaltungsaufgabe kennt. (Eine Aufgabe wird nicht vergeben.)

   b Jede Gruppe vertont ihre Episode und spielt sie anschließend den anderen vor. Ihr könnt den Ausschnitt auch szenisch gestalten.

   c Erratet die richtige Episode.

---

1. Episode: Der Erzähler erinnert sich an die schöne Jugendzeit mit Roderick Usher.

1 Vertont diese Episode und spielt sie anschließend den anderen Gruppen vor. Ihr könnt den Abschnitt auch szenisch gestalten.

Tipps: Überlegt zunächst einen Ablauf für eure Vertonung. Soll sie eine einheitliche Stimmung erhalten oder eine Entwicklung darstellen?
Notiert alle Kompositionsideen auf einem Blatt Papier. Wählt passende Instrumente und probiert auch ungewöhnliche Spielweisen aus. Studiert euren Vortrag ein.

---

3. Episode: Roderick Usher hat Angstzustände, die immer schlimmer werden.

2 Vertont diese Episode und spielt sie anschließend den anderen Gruppen vor. Ihr könnt den Abschnitt auch szenisch gestalten.

Tipps: Überlegt zunächst einen Ablauf für eure Vertonung. Soll sie eine einheitliche Stimmung erhalten oder eine Entwicklung darstellen?
Notiert alle Kompositionsideen auf einem Blatt Papier. Wählt passende Instrumente und probiert auch ungewöhnliche Spielweisen aus. Studiert euren Vortrag ein.

---

4. Episode: Roderick Usher spielt verträumt auf einem Instrument.

3 Vertont diese Episode und spielt sie anschließend den anderen Gruppen vor. Ihr könnt den Abschnitt auch szenisch gestalten.

Tipps: Überlegt zunächst einen Ablauf für eure Vertonung. Soll sie eine einheitliche Stimmung erhalten oder eine Entwicklung darstellen?
Notiert alle Kompositionsideen auf einem Blatt Papier. Wählt passende Instrumente und probiert auch ungewöhnliche Spielweisen aus. Studiert euren Vortrag ein.

---

5. Episode: Der Untergang des Hauses Usher.

4 Vertont diese Episode und spielt sie anschließend den anderen Gruppen vor. Ihr könnt den Abschnitt auch szenisch gestalten.

Tipps: Überlegt zunächst einen Ablauf für eure Vertonung. Soll sie eine einheitliche Stimmung erhalten oder eine Entwicklung darstellen?
Notiert alle Kompositionsideen auf einem Blatt Papier. Wählt passende Instrumente und probiert auch ungewöhnliche Spielweisen aus. Studiert euren Vortrag ein.

Erarbeitet von: Georg Maas

Alan Parsons Project: *The Fall of the House of Usher* (Verlaufsgrafik)

1 Trage die Namen der Abschnitte in der richtigen Reihenfolge in der Zeile „Teil" ein:
Arrival – Fall – Intermezzo – Pavane – Prelude.

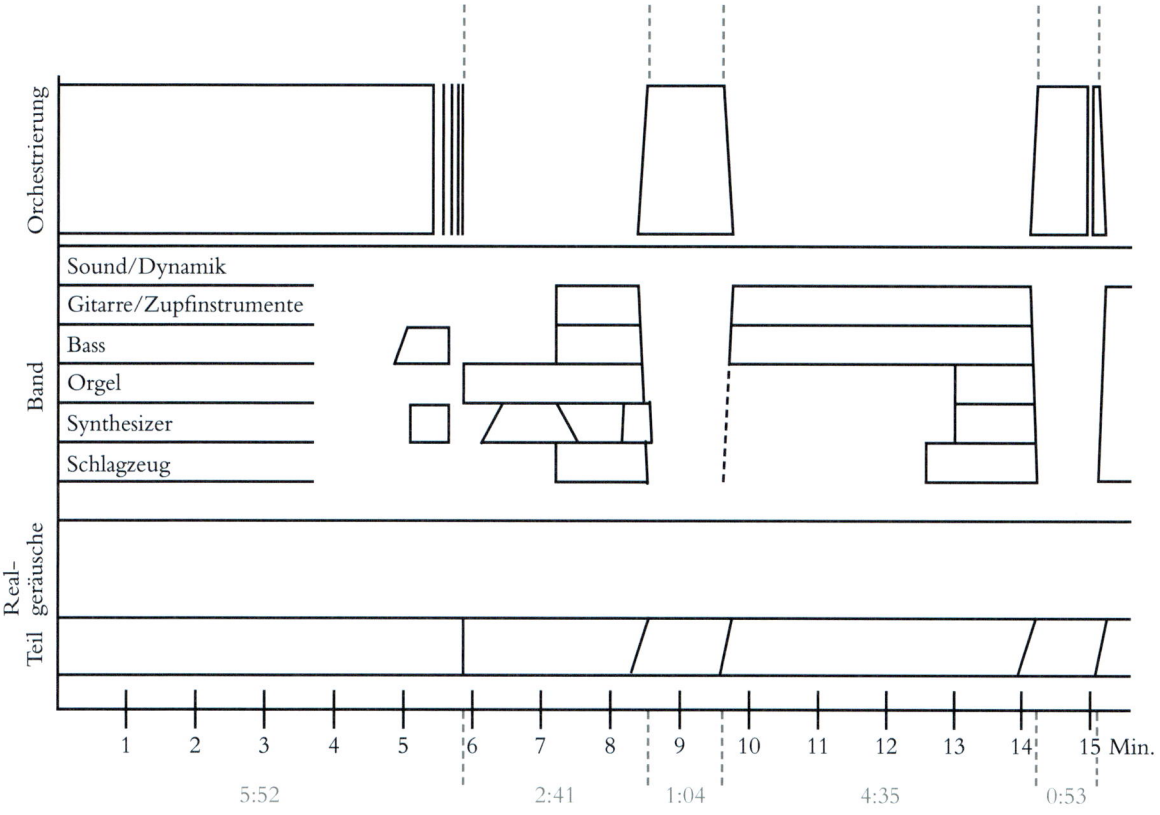

2 Beschreibe anhand der Darstellung in Stichworten den Ablauf der Komposition.

_____

_____

3 Verbessere die Verlaufsskizze, indem du zusätzliche Beobachtungen einträgst.
   a Ergänze folgende Klangereignisse in der Zeile „Realgeräusche": Donner, Regen/Wind, Klopfen, Gitarrenspiel.
   b Schreibe in die Kästen zur Orchestrierung deine Beobachtungen zu Instrumenten, Klangeindrücken usw. An welcher Stelle könntest du „Debussy" eintragen?
   c Notiere in der Zeile „Sound/Dynamik" passende Dynamikzeichen für die Abschnitte „Intermezzo" und „Fall".

Cornelsen   Erarbeitet von: Georg Maas

KV 62

Das Concerto-grosso-Prinzip

Der für das barocke Concerto grosso typische Wechsel von vollem Orchester (Tutti) und kleiner Gruppe von Soloinstrumenten wird im Adagio-Teil der Ouvertüre zur *Feuerwerksmusik* besonders gut deutlich. Die Soloinstrumente sind hier in unterschiedlichen Gruppierungen vertreten:

a) Streicher und Holzbläser
b) Hörner, tiefe Streicher und Holzbläser
c) Trompeten und Hörner
d) Trompeten, hohe Streicher und Holzbläser

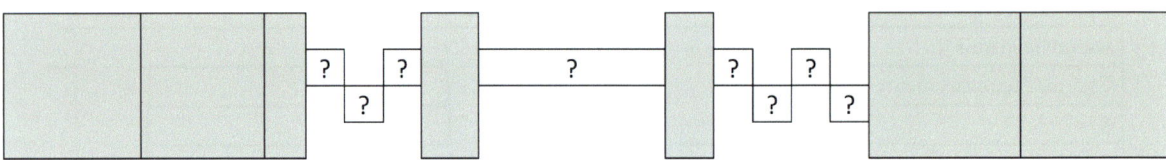

1   Hört den Anfang der Ouvertüre und vervollständigt die Verlaufsskizze.

     a   Erkennt die Instrumentenzusammensetzung und schreibt die entsprechenden Buchstaben a–d unter die mit Fragezeichen versehenen Abschnitte.

     b   In welchen Abschnitten taucht der Abschnitt 1 auf?

Cornelsen

Erarbeitet von: Margrit Bethin
Notensatz: Cornelsen/Holger Jeschke

KV 63

Barocktrompete und Naturtöne

Bei Trompeten, wie sie zur Barockzeit in Gebrauch waren, gab es noch keine Ventile. Es standen daher nur bestimmte Töne zur Verfügung, die durch die Veränderung der Lippenspannung erzeugt wurden. Diese, dem Instrument eigenen, Töne bezeichnet man als **Naturtöne**. Welche dies sind, wird durch die Länge des doppelt gebogenen Rohrs vorgegeben.

Naturtöne sind also die Töne, die durch verändertes Anblasen auf einem Blasinstrument außer dem Grundton ansprechen. Sie stehen in einem ganzzahligen Schwingungsverhältnis zum Grundton, d.h. in Bezug zum ersten
Naturton (= Grundton) ist die Frequenz des zweiten doppelt so hoch, die Frequenz des dritten dreimal so hoch usw.

Für einen Trompeter zur Barockzeit waren somit in tieferer Lage nur der Grundton, die Quinte, Quarte und dann Dreiklänge spielbar. Erst ab dem achten Teilton konnte eine Tonleiter entstehen.

(↓↑ unreine Naturtöne, die mit dem Ansatz korrigiert werden konnten)

Besonders schwierig war das Clarinblasen, das Spielen der höchsten Naturtöne der Trompetenskala ab der vierten Oktave. Der höchste Ton, der je von einem Barocktrompeter verlangt wurde, entsprach dem 24. Teilton der Naturtonreihe. In der Regel erforderten die Kompositionen aber nur das Spielen der Naturtöne 2–12.

1 Die in der „Feuerwerksmusik" mitspielenden Trompeten waren in D gestimmt. Gebt unter den Noten an, um welche Teiltöne der Naturtonreihe (ausgehend vom Grundton d) es sich in diesen ersten Takten handelt. Welcher der Töne könnte eventuell etwas unsauber klingen?

Beginn der *Feuerwerksmusik*

Cornelsen

Erarbeitet von: Margrit Bethin, Illustration: Cornelsen/Hans Wunderlich

Notensatz: Cornelsen/Holger Jeschke

KV 64

Georg Friedrich Händel: *Menuet II* (Anfang)

1 Musiziert den Anfang des „Menuet II" aus der *Feuerwerksmusik*.

2 Tanzt zum Anfang des „Menuet II":

Der Menuettschritt

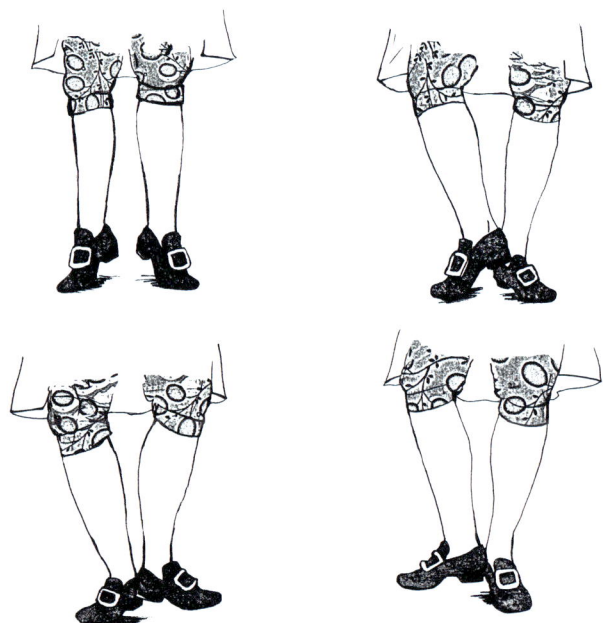

Die Schritte werden alle auf halber Spitze ausgeführt, also im Ballenstand. Stellt euch dazu zuerst so auf, dass die Fersen geschlossen sind und die Fußspitzen im 90-Grad-Winkel nach außen zeigen. Die Füße bleiben beim ganzen Tanz nach außen gedreht. Dann geht es los:

ZZ 1: Schritt auf halber Spitze rechts vor

ZZ 2: rechten Fuß absetzen, dabei leicht die Knie beugen, linke Ferse berührt die rechte, der Fuß setzt aber nicht ab

ZZ 3: Schritt auf halber Spitze links vor

ZZ 4: Schritt auf halber Spitze rechts vor

ZZ 5: Schritt auf halber Spitze links vor

ZZ 6: linken Fuß absetzen, dabei leicht die Knie beugen, rechte Ferse berührt die linke, der Fuß setzt aber nicht ab

Erarbeitet von: Kaspar Mainz; Illustrationen: Cornelsen/Dorina Tessmann
Notensatz: Cornelsen/Holger Jeschke

KV 65

Johann Sebastian Bach: *Weihnachtsoratorium*

Formen der Mehrstimmigkeit im Barock

1 Ergänzt, was unter den Begriffen Polyfonie und Homofonie zu verstehen ist.

Polyfonie: Satzweise, bei der die Stimmen _____.

Homofonie: Satzweise, bei der die Stimmen _____.

2 Hört den Eingangschor und bestimmt, welche Textzeilen polyfon und welche homofon gesetzt sind.

Der Beginn des *Weihnachtsoratoriums* von Johann Sebastian Bach

Jauchzet, frohlocket, auf, preiset die Tage, rühmet, was heute der Höchste getan!	*homofon*
Lasset das Zagen, verbannet die Klage,	
lasset das Zagen, verbannet die Klage, stimmet voll Jauchzen und Fröhlichkeit an.	

Jauchzet, frohlocket, auf, preiset die Tage, rühmet, was heute der Höchste getan!	
Lasset das Zagen, verbannet die Klage,	
lasset das Zagen, verbannet die Klage, stimmet voll Jauchzen und Fröhlichkeit an. *fine*	
Dienet dem höchsten mit herrlichen Chören!	
Lasst uns den Namen des Herrschers verehren!	

Das Stück wird an dieser Stelle wieder von vorne bis zu „fine" gespielt.

Komponisten schreiben oft das italienische Wort *fine* in die Noten, um den Schluss zu kennzeichnen.

3 Schreibe den Wortlaut der polyfonen Textzeilen in die erste Spalte der Tabelle.
   a In welcher Reihenfolge setzen die Stimmen (Sopran, Alt, Tenor, Bass) jeweils ein?
   b Beschrifte die Stimme, die als erstes einsetzt, mit einer 1. Gib der Stimme, die als zweites einsetzt, eine 2 usw.

Textzeile	Sopran	Alt	Tenor	Bass

Erarbeitet von: Margit Bethin

KV 67

Das Menuett

Das Menuett war über Jahrhunderte einer der beliebtesten Tänze. Es ist in Frankreich entstanden und wurde in ganz Europa und Amerika getanzt.

1 Um den Menuettschritt zu lernen, macht folgende Vorübungen:
einen Schritt auf halbe Spitze, also im Ballenstand, Beine beugen und andere Seite drei Schritte auf halber Spitze hintereinander und Beine beugen.

2 Tanzt das Menuett:
Die Schritte werden alle auf halber Spitze ausgeführt. Stellt euch dazu zuerst so auf, dass die Fersen geschlossen sind und die Fußspitzen im 90-Grad-Winkel nach außen zeigen. Die Füße bleiben beim ganzen Tanz nach außen gedreht. Dann geht es los:

ZZ 1: Schritt auf halber Spitze rechts vor
ZZ 2: rechten Fuß absetzen, dabei leicht die Knie beugen, linke Ferse berührt die rechte, der Fuß
     setzt aber nicht ab
ZZ 3: Schritt auf halber Spitze links vor
ZZ 4: Schritt auf halber Spitze rechts vor
ZZ 5: Schritt auf halber Spitze links vor
ZZ 6: linken Fuß absetzen, dabei leicht die Knie beugen, rechte Ferse berührt die linke, der Fuß
     setzt aber nicht ab
ZZ 7: wieder von vorne beginnen

3 Tanzt den Menuettschritt rückwärts.

Cornelsen   Erarbeitet von: Kaspar Mainz
Illustrationen: Cornelsen/Dorina Tessmann   **KV 68**

Joseph Haydn – eine außergewöhnliche Karriere

1 Recherchiert zu wichtigen Stationen im Leben Joseph Haydns und tragt eure Ergebnisse stichpunktartig ein.

Beruf des Vaters: _____

Beruf der Mutter: _____

musikalische Ausbildung: _____

_____

_____

_____

Tätigkeiten nach der Entlassung aus dem Chordienst: _____

_____

_____

_____

finanzielle Unterstützung durch: _____

_____

karrierefördernde Beziehungen: _____

_____

_____

beruflicher Werdegang:

• 1758 _____

• 1761 _____

• 1766 _____

wichtige Reisen: _____

_____

Cornelsen
Erarbeitet von: Margrit Bethin
Bild: akg-images/Mondadori Portfolio/Archivio GBB

KV 69

Wolfgang A. Mozart: *Klarinettenkonzert*, 2. Satz – Mitspielsatz (1/2)

Mel.

1. Begl.

2. Begl.
Erst bei der Wiederholung mitspielen

3. Begl.
Erst bei der Wiederholung mitspielen

Cornelsen

Notensatz: *Cornelsen/Holger Jeschke*
Mitspielsatz: Ines Mainz; Melodie: Wolfgang Amadeus Mozart

KV 70

Wolfgang A. Mozart: *Klarinettenkonzert*, 2. Satz – Mitspielsatz (2/2)

1 Musiziert gemeinsam.

    a Vergleicht die Lautstärke der Instrumente und überlegt, wie ein ausgewogener Klang hergestellt werden kann (z. B. Lautstärkeregler bei Keyboards, Instrumente mehrfach besetzen usw.).

    b Übt die Begleitstimmen in langsamem Tempo. Spielt die Stimmen zunächst nacheinander.

    c Setzt sie dann schrittweise zusammen.

    d Fügt zum Schluss die Melodie hinzu.

Cornelsen

Notensatz: Cornelsen/Holger Jeschke
Mitspielsatz: Ines Mainz; Melodie: Wolfgang Amadeus Mozart

KV 71

Frauen in der arabischen Musik – zwischen Tradition und Moderne

1 Recherchiert im Internet zum Leben von Umm Kulthum und gestaltet eine biografische Liste.

2 Hört euch auf YouTube „Beredak" an und beschreibt die Gestaltung der Musik durch den Gesang. Findet im Netz eine englische Übersetzung zum arabischen Original.

Arabische Musik

Die arabische Musik entwickelte sich in vorislamischer Zeit auf der arabischen Halbinsel. Dabei ist die arabische Musikgeschichte eng mit der politischen Vergangenheit verknüpft. In manchen Epochen wurde die Musik hochgeschätzt, in anderen verbannt.

Die arabische, traditionelle Musik unterscheidet sich stark von der europäischen Musik, auch wenn diese in ihrer frühen Entwicklung von der arabischen Kultur beeinflusst wurde.

Kennzeichen

Das arabische Tonsystem unterteilt eine Oktave zumeist in 24 Tonstufen. Darin sind auch Viertel- oder Dreivierteltöne integriert. Die vokale Musik ist vorherrschend. Dem Sänger oder der Sängerin kommt eine große Bedeutung zu. Die Musik wird in der Regel nicht aufgeschrieben. Das Ostinato und die Improvisation sind bedeutsam, es gibt keine Polyphonie, aber sehr viele unterschiedliche Melodie- und Rhythmusinstrumente.

Umm Kulthum

Eine der bedeutendsten Sängerinnen des 20. Jahrhunderts war die in Ägypten geborene Umm Kulthum (1898–1975). Der Musikwissenschaftler Habib Hassan Touma bezeichnet sie als Primadonna der arabischen Vokalmusik. „Ihr Vater pflegte in der Moschee religiöse Gesänge und Lobpreisungen auf den Propheten Muhammad vorzutragen." (Touma, 1989, S. 183)

Schon mit 5 Jahren konnte sie die Gesänge ihres Vaters imitieren. Ihre Konzerte später im großen Garten in Kairo waren legendär. In der gesamten arabischen Welt wurden sie damals im Radio übertragen.

---

3 Hört euch zunächst den zweiten Satz aus dem „Concierto de Aranjuez" von dem spanischen Komponisten Joaquin Rodrigo (1901–1999) an und vergleicht dies mit dem Lied *Beirut Hal Zarafat* der Sängerin Fairuz.

4 Findet im Internet Dokumentationen zum Leben von Fairuz und vergleicht dieses mit euren Recherchen zu Umm Kulthum.

In der zweiten Hälfte des 20. Jahrhunderts entwickelte sich eine arabische Popularkultur, die auch europäische Elemente aufgriff.

Eine der bedeutendsten Vertreterinnen ist die libanesische Sängerin Fairuz (*1934 in Beirut). Ebenso wie Umm Kulthum ist ihre Entwicklung durch die Religion und deren Gesänge geprägt, wobei Fairuz eine libanesische Christin ist.

Erarbeitet von: Ines Mainz
Infotexte: Habib Hassan Touma: Die Musik der Araber, © 1989 Florian Noetzel Verlag Wilhelmshaven

KV 72

Niccolò Paganini: *Caprice* – das Thema mit Begleitung

1 Übt die Begleitstimme zunächst langsam und passt bei Bedarf den Rhythmus euren Instrumenten an.

Tonart: _____

Paganini bei einem Konzert, 1831

Erarbeitet von: Georg Maas
Notensatz: Cornelsen/Holger Jeschke; Foto: mauritius images/alamy stock photo/FineArt

KV 73

Der *Caprice*-Stammbaum

1 Betrachte die im Stammbaum eingetragenen Werke der „Caprice". Welche hast du bereits kennengelernt?

2 Du wirst im Unterricht Bearbeitungen begegnen, die noch keinen Platz im Stammbaum gefunden haben. Schreibe sie um den Baum herum auf und ziehe einen Pfeil zu der Stelle, an der sie jeweils am besten passen.

3 Recherchiere nach einem neuen Tondokument und seinen Hintergründen.

Cornelsen

Erarbeitet von: Georg Maas
Illustration: Cornelsen/Dorina Tessmann

Caprice-Bearbeitung: *Variations*

UMA

1 Füllt die folgenden Lücken.

Der Komponist dieser Variationenfolge ist der

Brite _____. Berühmt wurde

er durch _____,

z. B. _____. Geschrieben

hat Sir Andrew das Werk für seinen jüngeren

Bruder _____.

a Welches Instrument übernimmt die Melodie, welches
begleitet?

Melodie: _____

Begleitung: _____

b Erkenne die solistischen und die begleitenden Instrumente.

Soloinstrumente: _____

Begleitinstrumente: _____

c Welches Instrument spielt die Solostimme und zu welcher Instrumentengruppe gehört es?

Soloinstrument: _____

Es gehört zur Gruppe der _____ und ist verwandt mit der

_____.

d In welcher Taktart steht diese Variation? Hier hat der Komponist die Nummer der Variation
versteckt.

Taktart: _____

Es handelt sich um die Variation Nr. _____.

Erarbeitet von: Georg Maas
Foto: mauritius images/Allstar Picture Library Ltd/Alamy

KV 75

Gestaltung eines Zeitstrahls (1600–1900)

	1600	1650	1690	1700	1750	1790	1800	1850	1890
Epoche									
Komponisten Werke Formen Instrumente Kompositionstechniken		Jean Baptiste Lully (1632–1687)							
Politik									
Erfindungen									
Literatur Bildende Kunst Bildergalerie									

1 Gestalte einen Zeitstrahl als Überblick über die Geschichte.

a) Kopiere die Zeitleiste auf das Format DIN A3.

b) Ordne die Namen der Epochen und die Namen bekannter Komponisten zu.

c) Ergänze in der entsprechenden Zeile musikalische Fakten (Formen, Werke, typische Instrumente, Kompositionstechniken).

d) Füge wichtige Ereignisse aus anderen Bereichen ein und ergänze Abbildungen.

Friedrich Schiller: *Der Tanz*

Siehe, wie schwebenden Schritts im Wellenschwung sich die Paare
   Drehen, den Boden berührt kaum der geflügelte Fuß.
Seh ich flüchtige Schatten, befreit von der Schwere des Leibes?
   Schlingen im Mondlicht dort Elfen den luftigen Reihn?
5 Wie, vom Zephir[1] gewiegt, der leichte Rauch in die Luft fließt,
   Wie sich leise der Kahn schaukelt auf silberner Flut,
Hüpft der gelehrige Fuß auf des Takts melodischer Woge,
   Säuselndes Saitengetön hebt den ätherischen Leib.
Jetzt, als wollt es mit Macht durchreißen die Kette des Tanzes,
10 Schwingt sich ein mutiges Paar dort in den dichtesten Reihn.
Schnell vor ihm her entsteht ihm die Bahn, die hinter ihm schwindet,
   Wie durch magische Hand öffnet und schließt sich der Weg.
Sieh! jetzt schwand es dem Blick, in wildem Gewirr durcheinander
   Stürzt der zierliche Bau dieser beweglichen Welt.
15 Nein, dort schwebt es frohlockend herauf, der Knoten entwirrt sich,
   Nur mit verändertem Reiz stellet die Regel sich her.
Ewig zerstört, es erzeugt sich ewig die drehende Schöpfung,
   Und ein stilles Gesetz lenkt der Verwandlungen Spiel.
Sprich, wie geschiehts, daß rastlos erneut die Bildungen schwanken
20 Und die Ruhe besteht in der bewegten Gestalt?
Jeder ein Herrscher, frei, nur dem eigenen Herzen gehorchet
   Und im eilenden Lauf findet die einzige Bahn?
Willst du es wissen? Es ist des Wohllauts mächtige Gottheit,
   Die zum geselligen Tanz ordnet den tobenden Sprung,
25 Die, der Nemesis[2] gleich, an des Rhythmus goldenem Zügel
   Lenkt die brausende Lust und die verwilderte zähmt.
Und dir rauschen umsonst die Harmonien des Weltalls,
   Dich ergreift nicht der Strom dieses erhabnen Gesangs,
Nicht der begeisternde Takt, den alle Wesen dir schlagen,
30 Nicht der wirbelnde Tanz, der durch den ewigen Raum
Leuchtende Sonnen schwingt in kühn gewundenen Bahnen?
   Das du im Spiele doch ehrst, fliehst du im Handeln, das Maß.

[1] Westwind
[2] Göttin der Rache

1 Arbeitet in Gruppen von je sechs bis acht Schülerinnen und Schülern.
  a) Markiert im Gedicht Hinweise auf Bewegung, Tanz und Formen.
  b) Teilt den Text in einzelne Abschnitte ein und überlegt euch dazu jeweils eine bestimmte geometrische Form (Reihe, Quadrat usw.).
  c) Jeweils einer aus eurer Gruppe nimmt innerhalb der Figuren eine besondere Rolle ein (einen Punkt, eine Ecke usw.). Überlegt euch jeweils Übergänge von einer Form in die nächste.
  d) Bestimmt jemanden (aus einer anderen Gruppe), der den Text rezitiert, und gestaltet eure Figuren.

Erarbeitet von: Ines Mainz
Text: Friedrich Schiller, Sämtliche Werke (Erster Bd.): Gedichte/Dramen 1, 4. Aufl.,
(c) 1965 Carl Hanser Verlag, München

KV 77

Black Almaine

Aus England um 1580

Der Klang meines Heimatortes

1 Jede Stadt, jeder Stadtteil und jedes Dorf bietet unverwechselbare Geräusche, Klänge und Klang-
verbindungen. Wenn man genau hinhört, erkennt man manchmal sogar Töne, Melodien, Rhythmen und Mehrstimmigkeiten.

a) Nehmt interessante Geräusche und Klänge aus eurem Heimatort auf und haltet ihre Besonderheiten schriftlich fest. Bezieht hierzu die Begriffsgegensätze von → Seite 189 ein.

b) Stellt euren Lieblingsklang im Musikunterricht vor.

	Klangort	Schallquelle	Klangbeschreibung	Höreindruck
1.				
2.				
3.				
4.				
5.				
6.				
7.				
8.				

Cornelsen Erarbeitet von: Axel Brunner

KV 79

Musik festhalten und wiedergeben mit dem Phonographen

1 Welche Aufgaben erfüllen die einzelnen Bestandteile des Phonographen? Tragt sie jeweils dort ein.

2 Beschreibt, wie die Aufnahme und Wiedergabe mit dem Phonographen funktioniert.

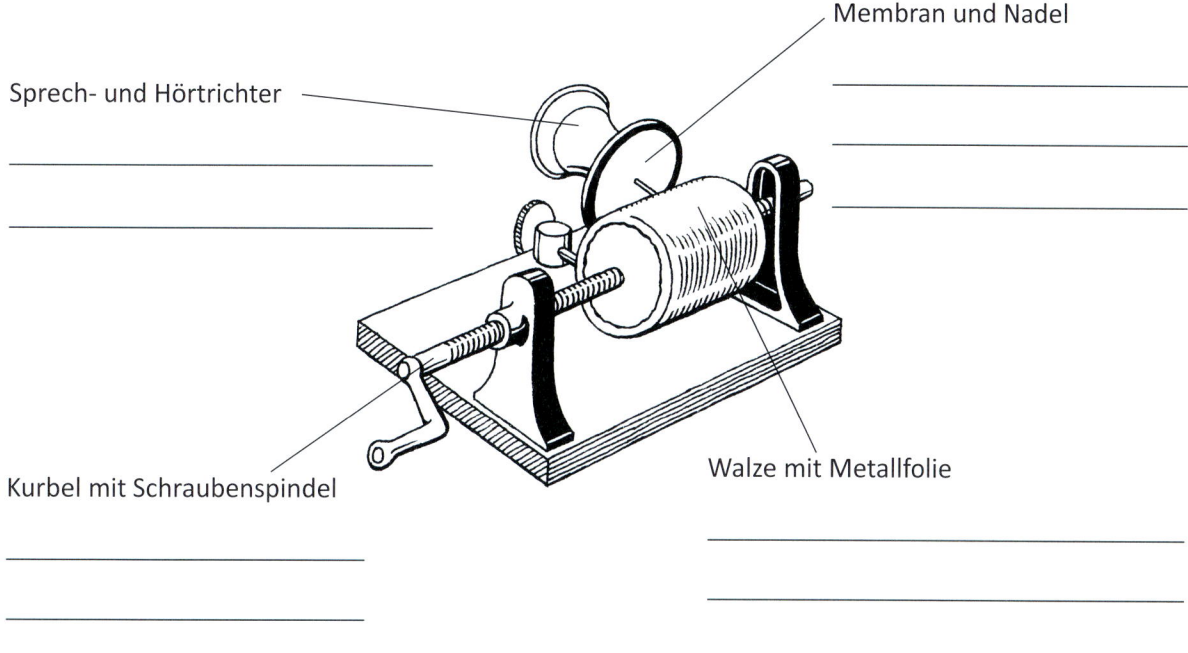

Membran und Nadel

Sprech- und Hörtrichter

_____

_____

_____

_____

_____

Kurbel mit Schraubenspindel

Walze mit Metallfolie

_____

_____

_____

_____

_____

_____

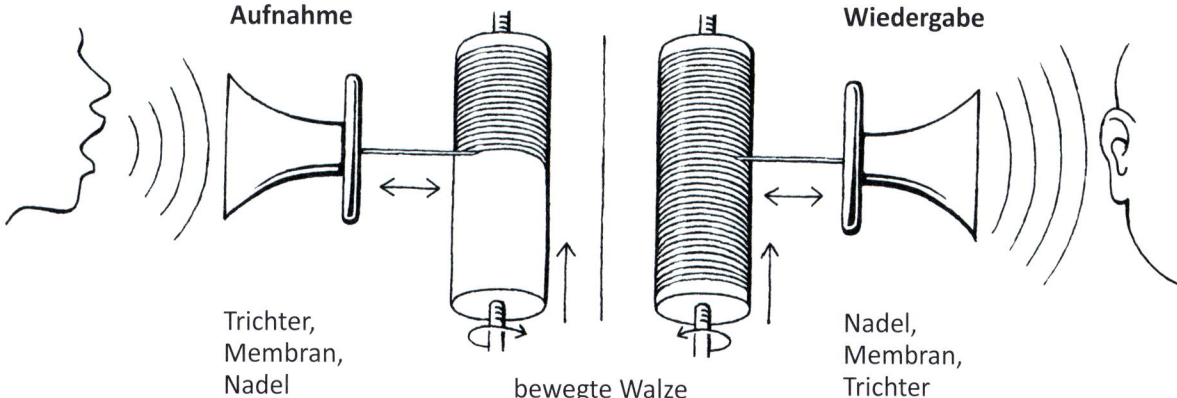

Aufnahme   **Wiedergabe**

Trichter,
Membran,
Nadel

bewegte Walze

Nadel,
Membran,
Trichter

Cornelsen   Erarbeitet von: Axel Brunner
Illustration: Cornelsen/Hans Wunderlich

KV 80

Musikwiedergabe mit einem selbst gebauten Abtastsystem

Mit einem einfachen Experiment könnt ihr nachweisen, dass in der Rille einer Schallplatte die vollständige Musik abgespeichert ist und dass sie direkt aus der Rille ausgelesen werden kann.

Ihr benötigt dazu:
▶ eine alte Schallplatte (Achtung: Diese Schallplatte darf später nicht mehr mit einem üblichen Plattenspieler abgespielt werden! Das empfindliche Abtastsystem des Plattenspielers könnte beschädigt werden.)
▶ einen leeren Plastik-Joghurtbecher
▶ eine Stecknadel
▶ einen Plattenspieler

Das Experiment

1 Stecht die Nadel mittig von innen durch den Boden des Joghurtbechers.
2 Legt die Schallplatte auf den Plattenteller auf.
3 Schaltet den Plattenspieler ein, ohne den Tonarm auf die Platte aufzusetzen. Der Plattenspieler hat jetzt nur die Funktion, die Schallplatte in eine gleichmäßige Drehbewegung zu bringen.
4 Haltet den Joghurtbecher locker mit Daumen und Zeigefinger am oberen Rand fest und lasst die Nadel vorsichtig in die Schallrille der Platte gleiten. Mit ruhiger Hand und etwas Geduld hört ihr das Ergebnis eures Experiments.

1 Beschreibt den Weg der Musik von ihrer verschlüsselten Form in der Schallrille bis zum Ohr des Zuhörers.

_____

_____

_____

_____

2 Vergleicht das Funktionsprinzip der Musikwiedergabe des Joghurtbecher-Prinzips mit dem des Edison-Phonographen.

_____

_____

_____

_____

Erarbeitet von: Axel Brunner
Illustration: Cornelsen/Hans Wunderlich

KV 81

Wir erstellen einen Podcast (1/2)

Ein Podcast – was ist das eigentlich? Der Name ist ein Kunstwort und setzt sich aus zwei Teilen zusammen: „Pod" ist die Abkürzung für „play on demand" (abspielen nach Bedarf), „cast" (englisch: verteilen) ist die Abkürzung für Broadcast (englisch. Radiosendung). Die Inhalte der Podcasts sind sehr vielfältig und orientieren sich an den Interessen der Hörer, welche die Sendungen über verschiedene Feed-Formate abonnieren.

So könnte ein Podcast-Drehbuch zum Thema Mozart aussehen:

[Jingle]

Moderator: Hallo und willkommen bei Musik durch alle Zeiten! Ich bin *Hostname*. Dies ist Episode *Nummer*, und wir werden uns heute über das Thema „Mozart – Der Rockstar der Klassik" unterhalten. Unser heutiger Gast ist *Gastname*, ein wahrer Mozart-Kenner.

[Falco: Rock me Amadeus]

Moderator: Wir sind der Meinung, dass Falco den großen Komponisten Wolfgang Amadeus Mozart in seinem Song sehr passend beschrieben hat.

Gast: Da kann ich mich nur anschließen. 1756 in Salzburg geboren, wurde er schon in jungen Jahren als Wunderknabe gefeiert und erlangte im Laufe seines Lebens großen Ruhm. Bereits mit 5 Jahren schrieb er seine erste Komposition. Er wurde sehr bewundert.

Moderator: Davon habe ich auch gehört. Sie sagten, dass Mozart im Laufe seines Lebens zu großem Ruhm gelangte. Mit welchen Werken schaffte er denn den Durchbruch?

Gast: Zu seinen wichtigsten Kompositionen zählen seine zahlreichen Opern. Seine berühmteste Oper ist die „Zauberflöte". Sie wird auch heute noch häufig auf den Bühnen der Welt aufgeführt.

Moderator: Da lohnt es sich doch mal reinzuhören. Seien Sie gespannt.

[Mozart „Ouvertüre – Die Zauberflöte"]

Moderator: Wir hörten die Ouvertüre aus Mozarts Oper „Die Zauberflöte". Ein fantastisches Werk.

Im Laufe seines wilden „Rockstar-Lebens" schuf Mozart ja noch mehr unvergleichliche Musik.

Gast: Mozart zeichnete sich durch seine unglaubliche Schaffenskraft aus. Er komponierte unter anderem 41 Sinfonien, viele Solokonzerte für verschiedene Instrumente und sehr viel Kirchenmusik. Besonders seine „Jupitersinfonie" ist hervorzuheben.

Moderator: Dann hören wir mal rein.

[Mozart „Jupitersinfonie" 1. Satz]

Moderator: Ich bin immer wieder begeistert. Mozart war wohl wirklich ein Rockstar in seiner Zeit.

Gast: Das könnte man so sagen. Dazu passt auch sein Lebensstil, welcher von Alkohol, Spielsucht und anderen Lastern geprägt war. Diese Abhängigkeiten beeinflussten sowohl den privaten als auch den beruflichen Teil seines Lebens.

Moderator: Ich erinnere mich, dass im Film „Amadeus" auch diese Seite von Mozart schonungslos gezeigt wird. Der Film endet ja damit, dass Mozart während der Komposition des Requiems in d-Moll verstirbt. Es wird so dargestellt, als hätte die Komposition alle Lebensenergie aus Mozart gezogen. Das ist sicher eine erfundene Darstellung, oder?

Gast: Es stimmt, dass Mozart das Werk nicht beenden konnte. Er starb im Alter von 35 Jahren in Wien. Er komponierte den ersten Teil bis zum Lacrimosa, beendet wurde das Werk dann von zwei seiner Schüler nach seinen Vorarbeiten.

Moderator: Das von Ihnen erwähnte Lacrimosa ist ja in letzter Zeit durch TikTok in aller Munde. Da sollten wir auf alle Fälle mal reinhören.

[Mozart „Lacrimosa – Requiem in d-Moll"]

Gast: Ein wunderbares Stück.

Moderator: Ganz meiner Meinung. Mit diesem inspirierenden Stück Musikgeschichte beenden wir unsere heutige Folge! Vielen Dank, dass Sie heute bei uns waren, *Gastname*. Vielen Dank, liebe Hörer, für Ihre Aufmerksamkeit.

[Jingle]

Cornelsen

Erarbeitet von: Diana Röser

Bild: stock.adobe.com/VRTX

Wir erstellen einen Podcast (2/2)

> **Ein Rezept für ein Jingle**
> Jeder Podcast hat nicht nur ein unverwechselbares Format, sondern auch eine Erkennungsmelodie, einen sogenannten Jingle. Diese soll den Hörer auf die Sendung einstimmen und natürlich leicht einprägsam und unverwechselbar sein.

1 Komponiert ein Jingle.

Ein Jingle sollte kurz und prägnant sein. Beschränken wir uns deshalb für diese Übung auf max. 8 Töne. Der Tonvorrat entspricht den Tönen der C-Dur-Tonleiter. Mögliche Elemente sind:
- Zu Beginn einen Oktavsprung nach oben/unten
- Am Ende einen Oktavsprung nach oben/unten
- Tonwiederholungen
- Drei Töne schrittweise nach oben/unten
- Fünf Töne schrittweise nach oben/unten
- Dreiklangsbrechung nach oben/unten
- Quartsprung nach oben/unten
- Terzsprung nach oben/unten

a) Wählt aus den Vorschlägen zur Melodieführung und rhythmischen Gestaltung jeweils max. drei Varianten aus.

b) Komponiert euren Jingle und spielt ihn auf dem Keyboard. Verändert euren Jingle so, dass er euch gefällt.

c) Wählt aus den Klangoptionen des Keyboards eine passende aus.

d) Präsentiert euren Jingle.

2 Gestaltet einen Podcast.

Bevor ihr mit dem Podcast starten könnt, benötigt ihr eine gute Vorbereitung. Dazu zählt die Recherche, aber auch die technischen Voraussetzungen müssen gegeben sein. Ihr braucht ein gutes Aufnahmegerät und ein Schnittprogramm. Dann kann es losgehen.

a) Wählt ein Thema aus, welches euch interessiert, und recherchiert zu diesem. Achtet darauf, dass es eine Balance zwischen Daten und Fakten zum Künstler, zum Musikstil oder dem Werk sowie lustigen Geschichten und Fun Facts gibt. Schreibt eine entsprechende Moderation.

b) Ein Podcast wirkt häufig lebendig, wenn ihr ein Interview zum Thema in die Sendung einbringt. Überlegt, welche Rolle der Interviewpartner einnehmen soll, und schreibt einen entsprechenden Dialog.

c) Sucht passend zu eurem Thema Hörbeispiele aus, welche ihr in eure Sendung integrieren wollt. Recherchiert auch zu diesen die wichtigsten Informationen (Titel, Komponist, Interpret, Hintergründe) Denkt daran, dass ihr die Titel ein- und ausblendet und diese entsprechend an- bzw. abmoderiert.

d) Nehmt nun die komplette Moderation sowie ggf. das Interview in Abschnitten auf. Diese richten sich danach, an welchen Stellen ihr die Musik einsetzen wollt.

e) Komponiert einen passenden Jingle. Bedenkt, dass dieser sowohl bzgl. der Instrumentation als auch der Melodieführung und Rhythmisierung zum Thema des Podcasts passen sollte. Nehmt diesen auf.

f) Denkt euch einen prägnanten Titel für euren Podcast aus, welchen ihr ebenfalls aufnehmt.

g) Schneidet nun alle Teile zusammen und präsentiert euren Podcast der Klasse.

Erarbeitet von: Diana Röser

KV 83

Übersicht einer Filmproduktion

1 Füge die aufgeführten Fachbegriffe an den richtigen Stellen der linken Spalte ein.

2 Trage in der rechten Spalte die Tätigkeiten der Produktionsphase ein, die Annette Focks nennt.

3 In welcher Phase entstand „Jennys Abschlusskonzert"? Notiere es in der rechten Spalte.

> Beleuchter – Casting – Cutter – Geräuschemacher – Kamerateam – Locations – Maskenbildner – Mischtonmeister –Picture lock – Produzent – Regisseur – Schauspieler – Sets – Spotting Session – Sounddesigner – Storyboard – Temp Track – Tontechniker

Vorproduktion (Preproduction)

Das ist zu tun	Das macht A. Focks
Das Drehbuch wird in gezeichnete Bilder umgesetzt (_____). Drehorte (_____) müssen gesucht oder Kulissen (_____) gebaut, Schauspieler ausgewählt und engagiert werden (_____).	
Der organisatorische und wirtschaftliche Leiter der Filmproduktion ist der _____.	
Die künstlerische Leitung des Films hat der _____.	

Dreharbeiten

Diese Berufsgruppen sind (u. a.) daran beteiligt	Das macht A. Focks
_____	_____
_____	_____
_____	_____

Nachbearbeitung (Postproduction)

Das ist zu tun	Das macht A. Focks
Das gedrehte Filmmaterial wird gesichtet und vom _____ ein Rohschnitt erstellt.	
Bei der _____ besprechen der Regisseur und die Filmkomponistin, wie die Filmmusik gestaltet werden soll (Musikstil, Instrumentierung, an welchen Stellen). Manchmal hat der Regisseur auch bereits fertige Musikstücke dem Film unterlegen lassen, einen _____, damit die Filmkomponistin weiß, was er sich wünscht.	
Der Feinschnitt wird abgeschlossen: Man spricht vom „_____".	
Der _____ entwirft die Geräusch-gestaltung für den Film, wobei er oft auf die Unter-stützung durch _____ angewiesen ist.	
Der _____ fügt Dialoge, Geräusche und Musik zusammen und verteilt sie auf die verschiedenen Tonkanäle. Der Film ist nun fertig.	

Erarbeitet von: Georg Maas

KV 84

Protokoll Musik im Fernsehen

1 Protokolliere die Musiksendungen und -filme eines Senders, indem du in der linken Spalte jeweils die Sendezeit festhältst und daneben die Sendung aufführst. Die angegebenen Zeiträume dienen nur der Orientierung.

Untersuchter Fernsehsender: _____   Stichtag: _____

Zeit	Titel der Sendung	Präsentations-form	Musikstil	Zielgruppe	Zusatzinfo
0:00					
8:00					
14:00					
20:00					

Cornelsen   Erarbeitet von: Georg Maas

KV 85

Komponieren wie im Mittelalter

Kume, kum, geselle min Aus einer Handschrift aus dem 13. Jh.; Melodie: Adam de la Halle

Die Begleitung einer Melodie in Quarten war im Mittelalter eine verbreitete Sing- und Musizierweise.

1 Entwickelt einen zweistimmigen Satz, wie er im Mittelalter gesungen worden sein könnte.

   a Ergänzt die Melodie mit einer zweiten Stimme in Quarten.

   b Findet heraus, warum zu der halben Note im zweiten Takt keine Quarte passt. Beachtet dabei, dass nur ein ♯ (fis) vorgegeben ist.

   c Musiziert oder singt euren Satz zweistimmig.

Cornelsen

Erarbeitet von: Ines Mainz
Notensatz: Cornelsen/Holger Jeschke

KV 86

Quintverwandtschaften – Übungen

1 Ergänzt die fehlenden Tonarten und Vorzeichen hinter den Notenschlüsseln <u>und</u> vor den betreffenden Noten. In welcher Intervallbeziehung stehen Tonarten, die sich nur durch ein Vorzeichen voneinander unterscheiden?

♯-Tonarten

C-Dur   A-Dur

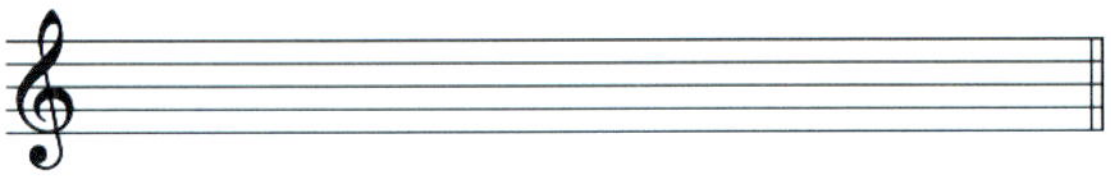

G-Dur   ....

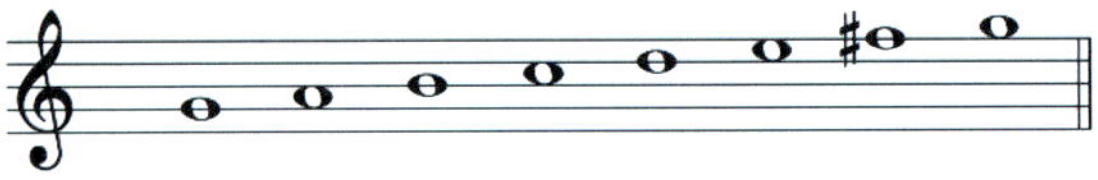

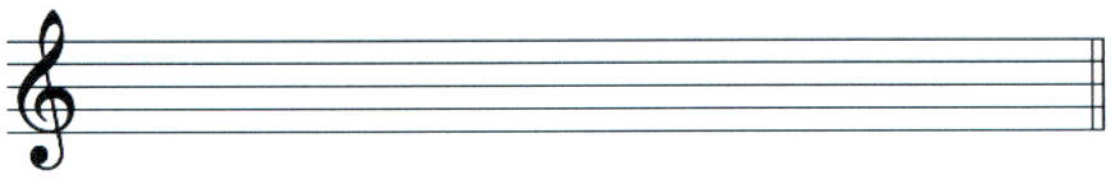

D-Dur   ....

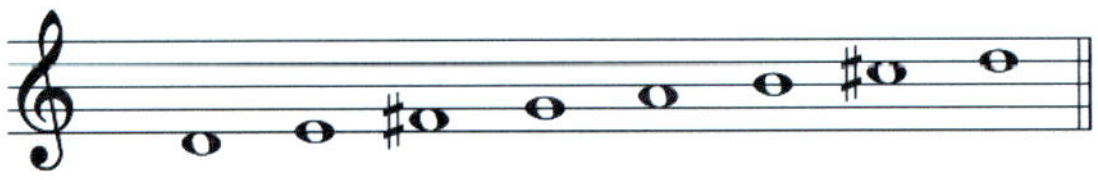

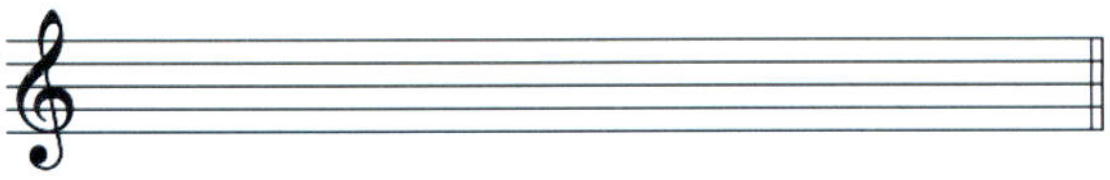

♭-Tonarten

C-Dur   Es-Dur

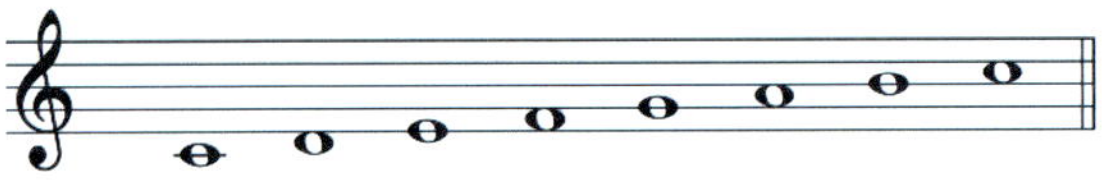

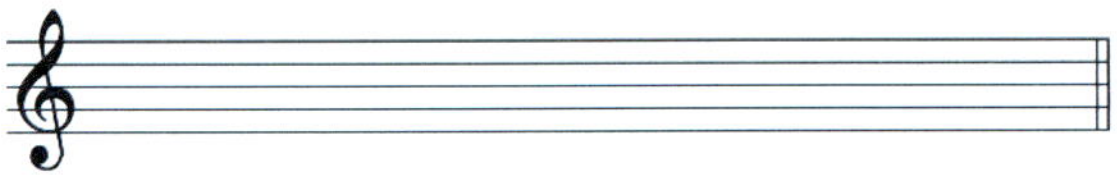

F-Dur   ....

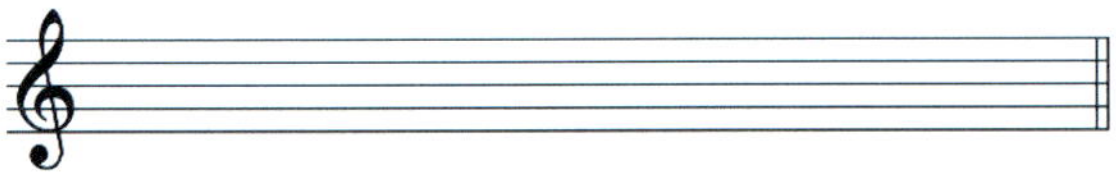

B-Dur   ....

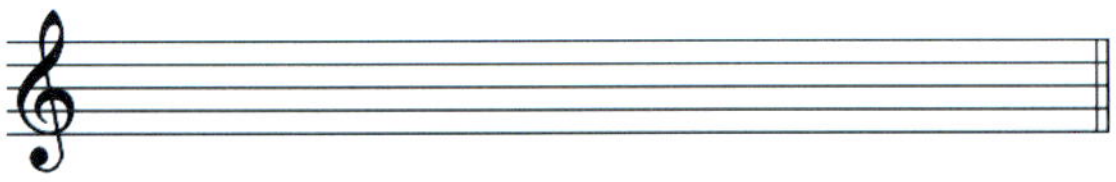

2 Transponiert die Melodie in folgende Tonarten: D-Dur, F-Dur.

3 Bestimmt mit dem Quintenzirkel Tonika, Subdominante und Dominante folgender Tonarten: D-Dur, F-Dur, B-Dur, E-Dur, Es-Dur (→ Seite 209).

Cornelsen

Erarbeitet von: Stefan Auerswald
Notensatz: Cornelsen/Holger Jeschke

KV 87

Ein Lied transponieren

Die Gedanken sind frei

Aus der Schweiz, 17. Jahrhundert

Das Lied *Die Gedanken sind frei* wurde in der Tonhöhe transponiert (verändert), damit es leichter von euch gesungen werden kann.

1 Bestimmt das Intervall der Noten zwischen der Fassung des Schülerbuchs und der transponierten Version (→ Seite 206, 230).

2 Findet die Tonart der transponierten Fassung heraus und ergänzt die Vorzeichen. Notiert die Taktart.

3 Tragt die fehlenden Noten in die freien Takte ein. Orientiert euch an der Fassung im Schülerbuch. Beachtet dabei, dass ihr die Töne der Vorlage im richtigen Intervallabstand in die transponierte Version eintragt.
Überprüft eure Ergebnisse, indem ihr sie spielt.

4 Wenn diese transponierte Version zum Singen immer noch nicht passt, dann probiert weitere Tonarten aus.

5 Sucht durch Probieren die Tonart, die für die Jungen am besten passt, und die Tonart, die für die Mädchen am besten passt.

6 Findet eine gemeinsame Tonart für die gesamte Klasse.

Cornelsen

Erarbeitet von: Stefan Auerswald
Notensatz: Cornelsen/Holger Jeschke

KV 88

Quintenzirkel

1 Ergänzt die fehlenden Vorzeichen.

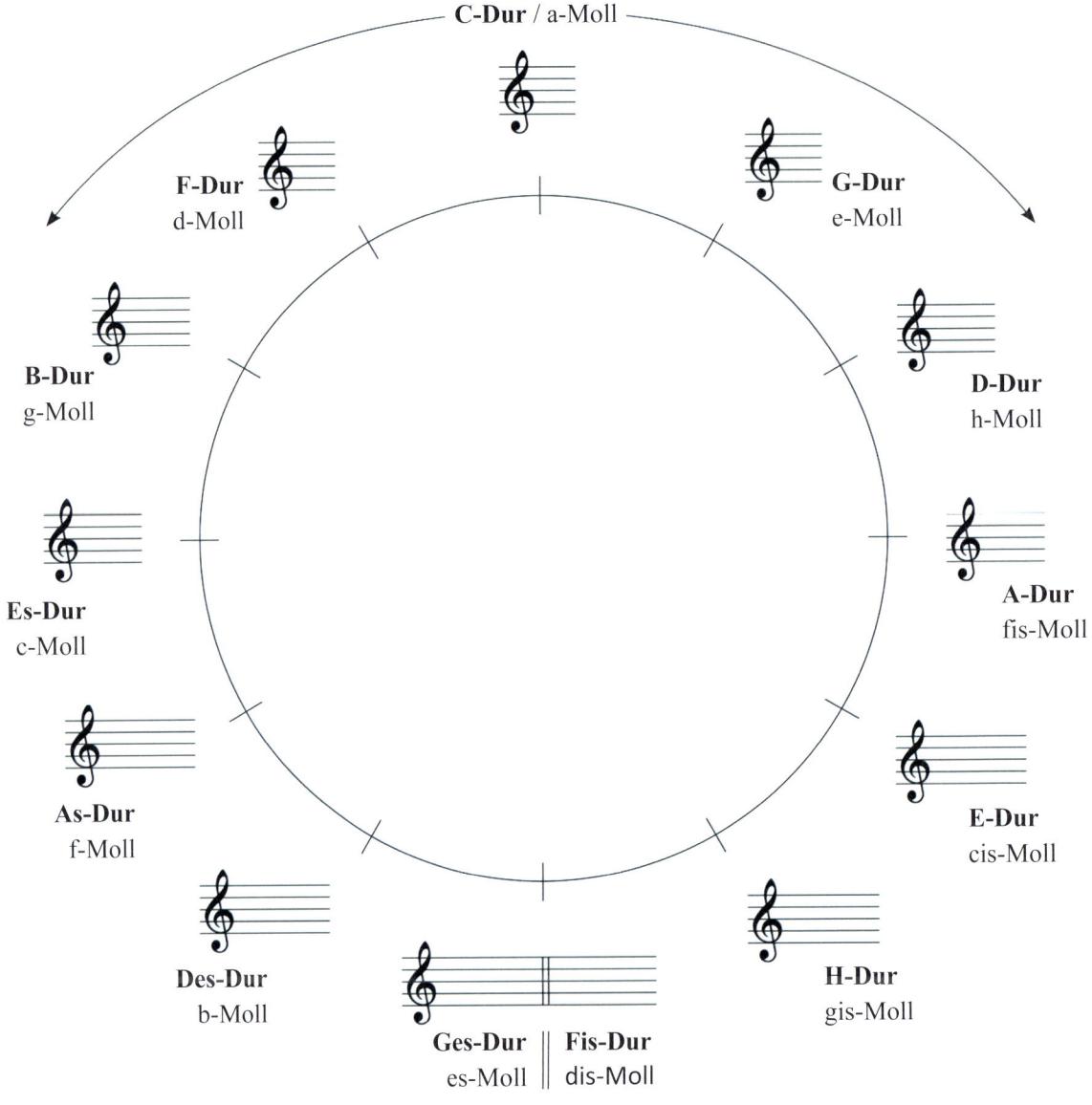

Cornelsen

Spielkarten

G-Dur	D-Dur	A-Dur
E-Dur	H-Dur	Fis-Dur
Ges-Dur	Des-Dur	As-Dur
Es-Dur	B-Dur	F-Dur

Komponieren: Texte (1/3)

Ingeborg Bachmann: „Reklame"

Wohin aber gehen wir
ohne sorge sei ohne sorge
wenn es dunkel und wenn es kalt wird
sei ohne sorge
aber
mit musik
was sollen wir tun
heiter und mit musik
angesichts eines Endes
mit musik
und wohin tragen wir
am besten
unsre Fragen und den Schauer aller Jahre
in die Traumwäscherei ohne sorge sei ohne sorge
was aber geschieht
am besten
wenn Totenstille

eintritt.

Günter Kunert: „Unterwegs nach Utopia"

Auf der Flucht
vor dem Beton
geht es zu
wie im Märchen: Wo du
auch ankommst
er erwartet dich
grau und gründlich

Auf der Flucht findest du
vielleicht
einen grünen Fleck
am Ende
Und stürzest selig
in die Halme
aus gefärbtem Glas.

Bertolt Brecht: „Der Radwechsel"

Ich sitze am Straßenhang.
Der Fahrer wechselt das Rad.
Ich bin nicht gern, wo ich herkomme.
Ich bin nicht gern, wo ich hinfahre.
Warum sehe ich den Radwechsel
Mit Ungeduld?

Erich Fried: „Herrschaftsfreiheit"

Zu sagen
„Hier
herrscht Freiheit"
ist immer
ein Irrtum
oder auch eine Lüge:

Freiheit
herrscht nicht

1 Wählt ein Gedicht für eure szenische Komposition aus.

2 Entwickelt eine Interpretation.
   a) Überlegt euch Pausen, in denen der Text von der Musik unterbrochen werden kann.
   b) Denkt über Lautstärke, Tempo und weitere Gestaltungsmöglichkeiten durch die Stimme nach.
   c) Legt fest, wann Textpassagen solistisch und/oder im Ensemble gesprochen werden. Überlegt
      euch passende Gesten und Bewegungen zur Gestaltung.

Erarbeitet von: Ines Mainz; Texte: 1 Ingeborg Bachmann: Werke, Bd. 1. Gedichte © 1978 Piper Verlag,
München; 2 Günter Kunert: Verkündigung des Wetters. Gedichte © 1966 Carl Hanser Verlag, München;
3 Bertolt Brecht: Werke. Große kommentierte Berliner und Frankfurter Ausg., Bd. 12, Gedichte 2;
© 1989 Suhrkamp Verlag, Frankfurt a.M.; 4 Erich Fried: Gedichte © 1993 Reclam Verlag, Stuttgart

Komponieren: Motiv mit Harmonien (2/3)

Für eure Motiverfindungen könnt ihr verschiedene Tonleitern und Akkordverbindungen verwenden.

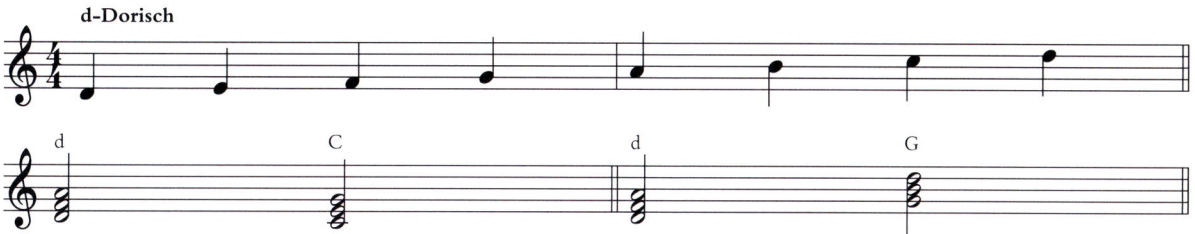

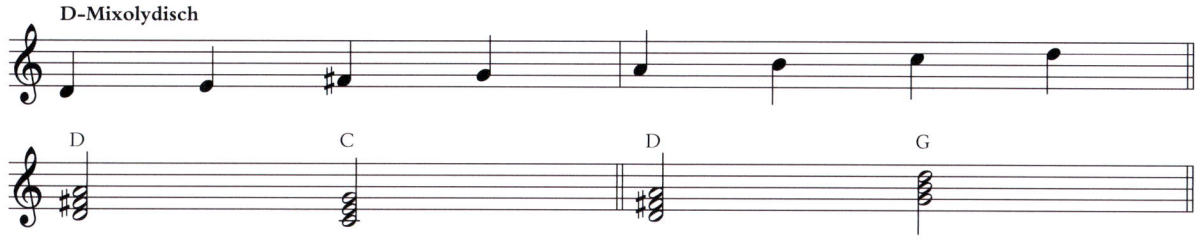

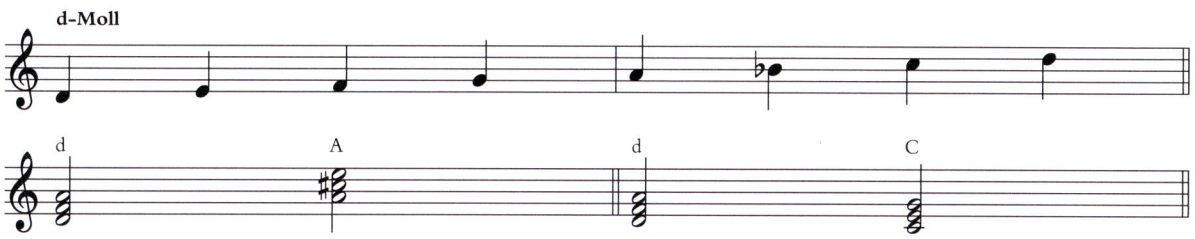

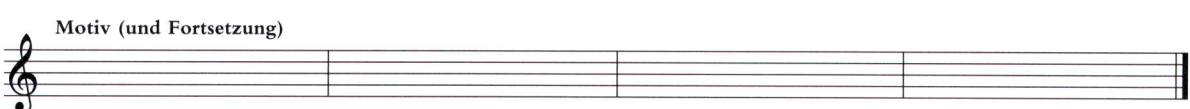

1 Entwickelt ein Motiv oder Motiv mit Fortsetzung für eure Komposition.

   a Sucht eine für euren gewählten Text passende Tonleiter aus.

   b Entscheidet euch für eine Kombination aus zwei Harmonien.

   c Spielt die gewählten Akkorde und versucht darüber zu singen oder mit den Dreiklangstönen zu improvisieren. Wenn ihr ein geeignetes 2-taktiges Motiv oder ein 4-taktiges Motiv mit Fortsetzung gefunden habt, schreibt es auf und notiert über der Melodie die Harmonien.

Cornelsen

Erarbeitet von: Ines Mainz
Notensatz: Cornelsen/Holger Jeschke

KV 92

Komponieren: Rhythmusschichtung (3/3)

1 Entwickelt eine Rhythmusschichtung.

    a Überlegt euch verschiedene rhythmische Ostinati. Beachtet, dass ein Ostinato auch über mehrere Takte gehen kann. Ordnet jedem Rhythmus ein Instrument zu und notiert dies in der Partitur vor der jeweiligen Notenzeile.

    b Wenn ihr auch eine Melodie komponiert habt, ergänzt eure harmonische Begleitung mit entsprechenden Rhythmen.

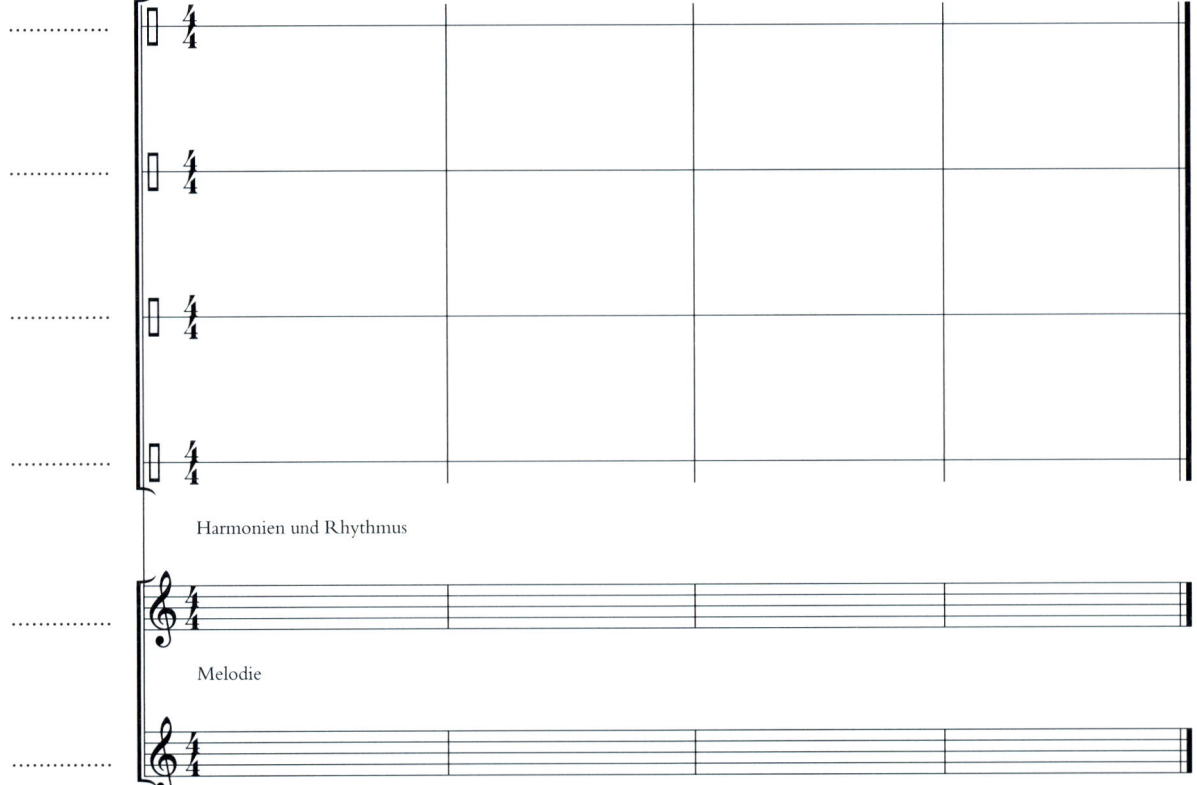

Harmonien und Rhythmus

Melodie

Cornelsen

Erarbeitet von: Ines Mainz
Notensatz: Cornelsen/Holger Jeschke

KV 93

Surrogat

1 Lest die deutsche Übersetzung und versucht mit eurer Stimme, den Text zu gestalten: laut, leise, schnell, langsam, hohe oder tiefe Sprechstimme. Fügt auch Geräusche mit ein.

Sie ist gerannt. Aus welchem Grund? Was bringt eine junge Frau dazu zu rennen? Während des Tages? Mitten in der Stadt? Es sieht so aus, als seist du spät dran. Irgendwas vergessen. Als ob du noch schnell zur Bank, zum Arzt, zum Anwalt müsstest. Als wenn du kein Auto hättest. Beim Frühstück träumst. Wenig sagst. Es sieht aus, als hätte man dich ausgetrickst. Es sieht dann aus, als wärst du angegriffen worden. Als wärst du gerade aus dem Osten geflüchtet. Als hättest du den Geschmack der Freiheit genossen. Als hättest du etwas gesehen, wovon du dich abwenden musstest. Als hättest du mal eine Vorstellung davon gehabt, was du am meisten begehrst.

Beim Rennen siehst du aus, als hättest du etwas verloren. Oder etwas gestohlen. Oder was gesagt. Lügen erzählt. Du siehst dann aus, als wüsstest du etwas, was sonst niemand weiß. Als hättest du mal eine Vorstellung davon gehabt, was du am meisten begehrst. Und rennend siehst du aus, als seist du neu.

In der Straße zu rennen sieht aus, als gehörtest du gar nicht dahin. Als wärst du arbeitslos. Undeutsch. Surrogat.

Cornelsen

Erarbeitet von: Ines Mainz

Original: Surrogate, Hugo Hamilton, 1990, Übersetzung des Auszugs: Rigo Stahl, 2008

Hava nagila – ein israelischer Tanz

1 Erschließt euch selbstständig die Aufstellung, die Fassung und die folgende Schrittfolge für den Tanz.

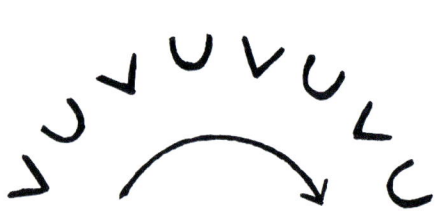

Aufstellung: Halbkreis; Tanzrichtung: im Uhrzeigersinn

Schulterfassung

2 Probiert weitere Varianten für die Aufstellung, die Tanzrichtung oder die Fassung aus.

Schrittfolge
Die Schrittfolge wird während des Tanzes immer wiederholt.

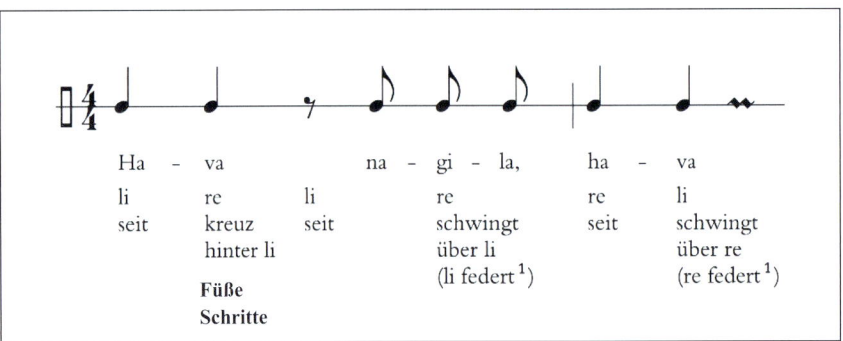

[1] Bei höherem Tempo wird aus dem Federn ein Hopp-Schritt.

zwei Kreise

kurze Reihen

W-Fassung

Erarbeitet von: Yvonne Funck
Illustration: Cornelsen/Hans Wunderlich; Notensatz: Cornelsen/Holger Jeschke

KV 95

KV 1 Schallquellen und ihre Lautstärkewerte

Schallquelle, Situation	Lautstärke (Schallleistungspegel, dB)
Schmerzschwelle	134 dB
Schlagzeuger beim Spiel	**bis 130 dB**
englische Fußballfans (Premier League)	**bis 129 dB**
Gehörschäden bei kurzfristiger Einwirkung	ab 120 dB
Düsenflugzeug, 100 m entfernt	**110–140 dB**
Arbeitsplatz eines Orchesterdirigenten	**bis 110 dB**
Presslufthammer, 1 m entfernt	**ca. 100 dB**
Discothek, Open-Air-Konzert (Publikumsbereich)	**ca. 100 dB**
Gehörschäden bei langfristiger Einwirkung	ab 85 dB
stark befahrene Straße, 10 m entfernt	**80–90 dB**
fahrender PKW, 10 m entfernt	**60–80 dB**
Zimmerlautstärke, Fernseher, 1 m entfernt	**ca. 60 dB**
Spülmaschine	**40–50 dB**
normale Unterhaltung, 1 m entfernt	**40–50 dB**
Lern- und Konzentrationsstörungen	ab 40 dB
sehr ruhiges Zimmer	**20–30 dB**
Blätterrauschen, ruhiges Atmen	**10 dB**
Hörschwelle (bei 2 kHz)	0 dB

KV 7 Molltonleitern

Aufgabe 2
Reine und harmonische Molltonleiter im Vergleich

reine Molltonleiter	harmonische Molltonleiter
Halbtonschritt zwischen 2. und 3. Ton	Halbtonschritt zwischen 2. und 3. Ton
Halbtonschritt zwischen 5. und 6. Ton	Halbtonschritt zwischen 5. und 6. Ton
Vorzeichen der verwandten Durtonleiter	Vorzeichen der verwandten Durtonleiter
	zusätzliches Vorzeichen beim 7. Ton
	übergroßer Tonabstand 6. und 7. Ton (GT und HT) mit besondere Klangwirkung

Aufgabe 3

Durtonleiter	verwandte (parallele) Molltonleiter	Anzahl der Vorzeichen	Namen der Vorzeichen
F-Dur	**d-Moll**	1 ♭	**b**
G-Dur	**e-Moll**	1 ♯	**fis**
C-Dur	**a-Moll**	–	–
D-Dur	**h-Moll**	2 ♯	**fis, cis**

KV 14 Keyboardsounds

Zuordnungen:

- Fender-Rhodes zu: Billy Joel: James, über: Metallofon/Glockenspiel
- Clavinet zu: Stevie Wonder: Superstition, über: Cembalo
- Cembalo zu: The Oboe Goes BaRock: Norwegian Wood
- Hammond-Orgel zu: Deep Purple: Speed King; und zu: B. Dennerlein: Opus de Funk
- Klavier/Flügel zu: Elton John: Crocodile Rock

KV 17 Gegenspieler: Beatles und Stones

	The Beatles	The Rolling Stones
Von Journalisten gerne bezeichnet als …	„**Fab** Four"	„**Bad** Boys"
Heimatstadt	**Liverpool**	**London**
Musikalische Wurzeln	**Rock 'n' Roll**	**Blues, Rock 'n' Roll**
Anzahl der Musiker und Sänger	**vier Musiker inkl. Sänger**	**vier Musiker zzgl. Sänger (ursprünglich 5 + 1!)**
Gesang	**alle**	**Mick Jagger**
Gitarre	**John Lennon**	**Keith Richards**
Gitarre	**George Harrison**	**Brian Jones**
Bassgitarre	**Paul McCartney**	**Bill Wyman**
Schlagzeug	**Ringo Starr**	**Charlie Watts**
Dauer der Karriere und Beständigkeit der Besetzung	19**62**–19**70** **konstante** Besetzung	19**63** bis heute **wechselnde** Besetzung
Die meisten Songs der Band schrieben …	**John Lennon, Paul McCartney**	**Mick Jagger, Keith Richards**
Die erste Schallplatte	*Love Me Do* (Lennon, McCartney) 5.10.1962	*Come On* (Chuck Berry) 7.6.1963
Die zweite Single wird der erste Hit und stammt von …	*Please Please Me* (**Lennon, McCartney**) 11.1.1963	*I Wanna Be Your Man* (**Lennon, McCartney**) 1.11.1963
Zwei ähnlich gestaltete Langspielplatten im Jahr 1967	*Sgt. Pepper's **Lonely Hearts Club** Band*	*Their **Satanic Majesties** Request*
Zwei ähnlich benannte Langspielplatten	*Let It **Be*** (1969/70)	*Let It **Bleed*** (1969)
Eine Song-Antwort auf die Studenten-unruhen 1968	*Revolution*	*Street Fighting Man*

KV 19 Coverversionen eines ABBA-Songs

ABBA *Gimme! Gimme! Gimme! (A Man After Midnight)*	Vergleichspunkte	Yngwie Malmsteen *Gimme! Gimme! Gimme! (Your Love After Midnight)*	Madonna *Hung Up*
Synthesizer (Streicher- und Holzbläserklänge) Schlagzeug bzw. Drumcomputer	Instrumente	Schlagzeug, E-Gitarren	Synthesizer, Drumcomputer, Bässe
zwei Frauenstimmen	Gesang	Solo-Männerstimme Backgroundgesang	Solo-Frauenstimme
instrumentales Vorspiel – 1. Strophe – Refrain –	Aufbau	Refrain – ABBA-Vorspiel – 1. Strophe – Refrain –	Ticken / Time Goes By – ABBA-Vorspiel – eigener Refrain Madonna (über Harmonien des Vorspiels)
Disco	Musikstil	Heavy Metal	Pop
4/4-Takt, Betonung jeder Zählzeit	Takt und Betonungen	4/4-Takt, Betonungen auf 2 und 4	4/4-Takt, Betonung jeder Zählzeit
schnell (ca. 120 bpm)	Tempo	schneller (ca. 125 bpm)	schneller (ca. 125 bpm)
laut	Dynamik	sehr laut	laut
Text im Vergleich zum Original (sinngemäß)		fast identisch	ganz anders

KV 21 Udo Lindenberg: Wir wollen doch einfach nur

Wörterschlüssel: Moskau / Rolling Stones / Alexanderplatz / Nerverei'n / Pankow / Tagesschein / die Jungs

KV 29 Steckbrief zu Philipp Stölzl

- geboren 1967 in München
- 1988 Ausbildung als Bühnen- und Kostümbildner bei den Münchner Kammerspielen
- seit 1996 Regisseur von Musikvideos, z.B. für Luciano Pavarotti (italienischer Opernstar), Die Ärzte/Die Toten Hosen (deutsche Punkrock-Bands), Madonna/Anastacia (amerikanische Sängerinnen) und a-ha (norwegische Band)
- Werbung z.B. für: Sony, BMW, Nokia, New Yorker
- Regisseur von Spielfilmen, darunter „Baby" (2002), „Nordwand" (2008) und „Goethe!" (2010)
- seit 2005 auch Opernregisseur:

Name der Oper / Operette	Komponist	Jahr / Ort der Inszenierung
Der Freischütz	Carl Maria von Weber	2005 Meiningen
Benvenuto Cellini	**Hector Berlioz**	2007 Salzburg
Faust	Charles Gounod	**2008** Basel
Der fliegende Holländer	**Richard Wagner**	2009 **Basel**
Rienzi	Richard Wagner	2010 **Berlin**
Die Fledermaus	**Johann Strauß**	2010 Stuttgart

KV 31 Spiele zu Stars und Stilen der Rock- und Popmusik

Spiel 1
1. ABBA / 2. Elvis Presley / 3. The Beatles

Spiel 2
1. Disco / 2. Punk / 3. Rock 'n' Roll / Heavy Metal

Spiel 3
1. UFO (1970): **Hardrock**
2. N-Trance (1995): **Hip-Hop**
3. Punkles (2003) : **Punk**
4. Otto: **Hänsel und Gretel**

Spiel 4
1. Arthur Wilkinson: **The Beatles: Can't Buy Me Love**; Peter I. Tschaikowski: **Tanz der Zuckerfee aus Der Nussknacker**
2. Big Daddy: **The Beatles: Lucy in the Sky With Diamonds**; Jerry Lee Lewis: **Great Balls of Fire**
3. The Black Sweden: **ABBA: Mamma Mia**; Deep Purple: **Smoke on the Water**

KV 37 Staaten und ihre Nationalhymnen
Lösungswort: **HYMNE**

KV 46 Kugelgießen in der Wolfsschlucht

Inhalt	musikalische Merkmale
(1) Waldvögel setzen sich ums Feuer und flattern mit den Flügeln.	– absteigende Geigenbewegung – Staccato der Holzbläser
(2) Ein schwarzer Eber jagt wild vorüber.	– kraftvolle Auf- und Abbewegung der tiefen Streicher – laute Legatotöne der Posaune
(3) Ein Sturm erhebt sich, beugt und bricht die Wipfel der Bäume.	– wellenförmige Auf- und Abbewegung – alle Streicher
(4) Man hört Rasseln, Peitschengeknall und Pferdegetrappel.	– Trabrhythmus ist in den Streichern zu erkennen – Streicher und Bläser wechseln
(5) Hundegebell und Wiehern: die wilde Jagd.	– signalartiges Staccato der Blechbläser – Männerchor
(6) Zwei furchtbare Gewitter tosen immer stärker mit Blitz und Donner.	– kraftvolle Auf- und Abbewegung des ganzen Orchesters, Staccato – laut, hektisch
(7) Das Kugelgießen ist auf dem unheimlichen Höhepunkt angelangt. Im Feuerschein erscheint Samiel und streckt die Hand nach Max aus. Das Unwetter lässt nach.	– langer Akkord, Staccato – Turmuhr schlägt eins, lang ausgehaltener Schlussakkord

KV 49 *West Side Story*: Die Personen und ihre Beziehungen

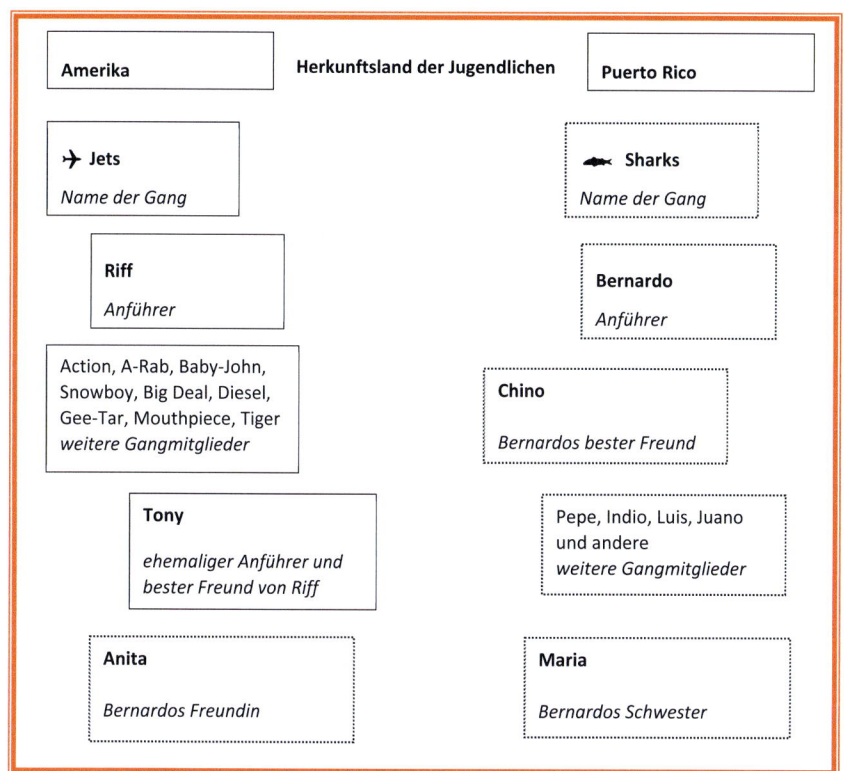

KV 51 *West Side Story* – Romeo und Julia im Vergleich

Aufgabe 1

Die Personen

West Side Story	*Romeo und Julia*
Tony	Romeo
Maria	Julia
Jets	Montagues
Sharks	Capulets
Bernardo	Tybalt
Riff	Mercutio

Aufgabe 2

Die Handlung

	West Side Story	*Romeo und Julia*
Zeit der Handlung	**1950er-Jahre**	**16. Jahrhundert**
Ort der Handlung	**New Yorker West Side, USA**	**Verona, Italien**
Art des Werkes	**Musical**	**Ballett**
Komponist	**Leonard Bernstein**	**Sergej Prokofjew**
Die Handlung wird erzählt durch …	**Musik, Gesang, Dialoge, Tanz**	**Musik, Tanz**
verfeindete Gruppen	**Straßengangs: Jets – Sharks**	**Adelsfamilien: Montague – Capulet**
Liebespaar	**Tony und Maria**	**Romeo und Julia**
das tragische Ende	**Tony wird erschossen. Maria bleibt am Leben.**	**Romeo nimmt Gift. Maria ersticht sich. Sie töten sich selbst.**

KV 53 Edward Grieg: *In der Halle des Bergkönigs*

Aufgabe 1

Abschnitt	Instrumente (Thema)	musikalische Auffälligkeiten
A (blau)	Violoncello, Bass, Fagott	sehr tief, sehr leise, sehr langsam, gezupft (pizzicato), einzelne Töne stark betont
A' (hellblau)	**Violoncello, Bass, Fagott**	**Thema etwas höher (um eine Quinte)**
A (blau)	**Violoncello, Bass, Fagott**	**Thema wieder tief**
B (grün)	**Geige, Oboe, Klarinette**	**mehr Instrumente treten zur Begleitung hinzu, z. B. eine „schwirrende" Streicherfigur**
B' (hellgrün)	**Geige, Oboe, Klarinette**	**Thema wieder höher, etwas schneller**
B (grün)	**Geige, Oboe (in Oktaven)**	**alle Streicher spielen schnelle Sechzehntel-Figuren**
C (rot)	**Geige, Bratsche und Chor**	**alle Instrumente spielen, Chor kommt dazu, Thema in Sechzehntel-Noten**
C' (hellrot)	**Geige, Bratsche und Chor**	**Thema wieder höher, lauter, schneller**
C (rot)	**Geige, Bratsche und Chor**	**noch schneller und lauter**
Coda (gelb)	**alle Bläser, Streicher**	**2. Teil des Themas von markanten Akkorden unterbrochen**

Aufgabe 2
Möglichkeiten zur Gestaltung von musikalischen Steigerungen
Musik kann lauter werden (crescendo) und schneller werden (accelerando). Es ist auch möglich, Steigerungen durch Musizieren in höheren Tonlagen zu erreichen. Hierfür müssen bei der Instrumentalisierung eines Werkes Musikinstrumente einbezogen werden, auf denen hohe Töne gespielt werden können.

KV 55 Camille Saint-Saëns: *Danse macabre*

Aufgabe 1
Ort: **Friedhof (Grabstein)**; Zeit: **Mitternacht, Winter, Hahn kräht**

Aufgabe 2
    a   Harfe
    b   Solovioline
    c   ¾-Takt, Harfe, Streicher
    d   Xylofon
    e   Oboe

KV 56 Modest Mussorgski: *Eine Nacht auf dem kahlem Berge*

Abschnitt Takte	Was passiert in der Musik?	Welche konkreten Ereignisse könnte die Musik auf dem Berg beim Hexensabbat schildern?
I: T. 1–11 und *III:* T. 36–46	schnelle Sechzehntelnoten mit engen Tonabständen in sehr hoher Lage, kurze Auf- und Abwärtsbewegungen	schnelle Bewegungen der ankommen Hexen, ein pfeifender Wind wird erzeugt; Hexen fliegen ruckartig auf ihren Besen herbei
II: T. 12–35 und *IV:* T. 47–66	mächtiger Bläsersatz in langen Noten in tiefer Lage	Herrscher der Hexen – Satan – betritt die Bühne: es klingt mächtig und kraftvoll
V: T. 67–120	kurze (abgehackte) Tonfolge mit Synkope, wird oft wiederholt (in hoher und tiefer Lage); wird von verschiedenen Instrumenten gespielt, ist mal schneller und mal langsamer	Hexen formieren sich zum Tanz, manche machen bestimmte Bewegungen vor, andere ahmen sie nach; Hexen haben verschiedene Temperamente und sehen auch unterschiedlich aus
VI: T. 121–164	Instrumentengruppen wechseln sich ab, verschiedene Motive erklingen rasch nacheinander; Musik klingt unruhig	Tanz beginnt; verschiedene Hexengruppen zeigen, was sie können; Gruppen reagieren aufeinander, harmonieren aber nicht; Hexen sind wegen des bevorstehenden Ereignisses nervös

KV 75 *Caprice*-Bearbeitung – Variations

Aufgabe 1

Der Komponist dieser Variationenfolge ist der Brite **Andrew Lloyd Webber**. Berühmt wurde er durch **Musicals**, z. B. *Starlight Express*. Geschrieben hat Sir Andrew das Werk für seinen jüngeren Bruder **Julian**.

a) Melodie: **Cello**   Begleitung: **Schlagzeug**

b) Soloinstrumente: **Cello, Querflöte, Synthesizer, E-Gitarre (kurz am Ende)**;
   Begleitinstrumente: **Schlagzeug, E-Gitarre, Synthesizer, E-Bass, Klavier**

c) Soloinstrument: **Saxofon**. Es gehört zur Gruppe der Holzblasinstrumente und ist verwandt mit der **Klarinette**.

d) Taktart: **7/8-Takt**. Es handelt sich um die Variation Nr. 7.

KV 84 Übersicht einer Filmproduktion

Vorproduktion (Preproduction)

Das ist zu tun	Das macht A. Focks
Das Drehbuch wird in gezeichnete Bilder umgesetzt (**Storyboard**). Drehorte (**Locations**) müssen gesucht oder Kulissen (**Sets**) gebaut, Schauspieler ausgewählt und engagiert werden (**Casting**).	**Musik komponieren, die für die Dreharbeiten bereits benötigt wird (z. B. „Jennys Abschluss-konzert")**
Der organisatorische und wirtschaftliche Leiter der Filmproduktion ist der **Produzent**.	**erste musikalische Ideen**
Die künstlerische Leitung des Films hat der **Regisseur**.	**Drehbuch lesen**

Dreharbeiten

Diese Berufsgruppen sind (u. a.) daran beteiligt	Das macht A. Focks
Schauspieler, Kamerateam, Tontechniker, Beleuchter, Maskenbildner, Regisseur	**Beginn der Kompositionsarbeit, Sichten erster Muster, Improvisation auf dem Piano, Instrumentierung am Computer, dem Regisseur vorspielen**

Nachbearbeitung (Postproduction)

Das ist zu tun	Das macht A. Focks
Das gedrehte Filmmaterial wird gesichtet und vom **Cutter** ein Rohschnitt erstellt.	
Bei der **Spotting Session** besprechen der Regisseur und die Filmkomponistin, wie die Filmmusik gestaltet werden soll (Musikstil, Instrumentierung, an welchen Stellen). Manchmal hat der Regisseur auch bereits fertige Musikstücke dem Film unterlegen lassen, einen **Temp Track**, damit die Filmkomponistin weiß, was er sich wünscht.	
Der Feinschnitt wird abgeschlossen: Man spricht vom „**Picture lock**".	**Die Musik wird komponiert, instrumentiert und schließlich im Studio aufgenommen.**
Der **Sounddesigner** entwirft die Geräuschgestaltung für den Film, wobei er oft auf die Unterstützung durch **Geräuschemacher** angewiesen ist.	
Der **Mischtonmeister** fügt Dialoge, Geräusche und Musik zusammen und verteilt sie auf die verschiedenen Tonkanäle. Der Film ist nun fertig.	